小学校「特別の教科 道徳」の授業プランと評価の文例

高学年

道徳ノートと通知表所見はこう書く

日本道徳教育方法学会 会長 渡邉 満 編著

時事通信社

はじめに

　「特別の教科　道徳」(道徳科)が立ち上がって2年目を迎えました。2020年4月からは2年前に改訂された学習指導要領も完全実施されます。道徳も改訂版教科書となり，他の教科と歩調を合わせて，本格的に「主体的・対話的で深い学び」に取り組むことになります。

　ところが，道徳の学会や各種研修会，教員免許更新講習会等では，教科となった道徳の授業について疑問や不安の声が依然として多く聞かれます。先生方においては，この2年間，教科としての道徳の授業展開の在り方や評価の記述について，多様な理解や捉え方に戸惑いながらも，これまでの経験を基に，苦心して取り組まれてきたのではないでしょうか。

　そこで，先生方の疑問や不安にお応えするために，2019年3月に刊行し，好評を頂いた『中学校「特別の教科　道徳」の授業プランと評価の文例』に続いて，その小学校版を刊行することにしました。その際，本小学校版では，低学年，中学年そして高学年に分冊して刊行することにしました。授業プランと評価文例は，個々の内容項目ごとにお示しすることが必要だという考えもありましたし，特に，学習指導要領で求められている道徳的価値の理解に終わることなく，それを基に，子供たちが問題解決的な学習や体験的な学習に取り組み，自分のこれからの生き方を主体的により深く考える道徳授業と評価を実現するには，低学年，中学年そして高学年それぞれの発達段階への対応が欠かせないと考えたからです。

　個人差もありますが，おおむね小学校高学年では，2年間の間に道徳的な思考はほぼ大人に近づいていきます。大人の多くは自分を取り巻く社会生活の全範囲の中でそれを担う一員として位置づけて道徳的課題を考えることができます。高学年の子供も自分を集団や社会の中に位置づけて課題の解決に取り組む学習によって，自分の生き方の基盤にある考え方を深めていきます。そのことを踏まえて，道徳的価値を学ぶ「学び」の在り方に着目しながら，子供たちの道徳的な思考や考え方の発達を促す授業が重要であると考えています。それが新学習指導要領の基本だと思われます。

　今回の学習指導要領は，新たな社会の変革「Society 5.0」を念頭に策定されていると言われていますが，私たちもこれからの社会を見通した道徳授業と評価を目指したいと考えています。

　最後になりましたが，本書の企画から編集のすべてを手際よく進めていただいた，時事通信出版局の荒井篤子さんに心から感謝の意をお示ししたいと思います。

2019年10月

編著者　渡邉　満

目次   高学年

はじめに ……………………………………………………………… 3
本書の構成と特長 …………………………………………………… 6

第1章 道徳の授業と評価のポイント

1 対談 「道徳」で学びの土台をつくる………………………… 8
2 発達段階による特徴を押さえよう…………………………… 18

第2章 授業の実践事例と評価文例集

内容項目A 主として自分自身に関すること

1 善悪の判断，自律，自由と責任　（教材：修学旅行の夜）……………… 20
2 正直，誠実　（教材：手品師）……………… 24
3 節度，節制　（教材：流行おくれ）……………… 28
4 個性の伸長　（教材：感動したこと，それがぼくの作品
　　　　　　　　　　　　　～パブロ・ピカソ）…………… 32
5 希望と勇気，努力と強い意志　（教材：ベートーベン）……………… 36
6 真理の探究　（教材：ペンギンは水の中を飛ぶ鳥だ）… 40

内容項目B 主として人との関わりに関すること

7	親切，思いやり	(教材：くずれ落ちただんボール箱) …… 44
8	感謝	(教材：土石流の中で救われた命) …… 48
9	礼儀	(教材：オーストラリアで学んだこと)…… 52
10	友情，信頼	(教材：ばかじゃん!) ………… 56
11	相互理解，寛容	(教材：銀のしょく台) ………… 60

内容項目C 主として集団や社会との関わりに関すること

12	規則の尊重	(教材：これって「けんり」？ これって「ぎむ」?) 64
13	公正，公平，社会正義	(教材：転校生がやってきた) ………… 68
14	勤労，公共の精神	(教材：うちら「ネコの手」ボランティア) 72
15	家族愛，家庭生活の充実	(教材：おばあちゃんのさがしもの) …… 76
16	よりよい学校生活，集団生活の充実	(教材：かれてしまったヒマワリ) ……… 80
17	伝統と文化の尊重，国や郷土を愛する態度	(教材：新しい日本に～龍馬の心) …… 84
18	国際理解，国際親善	(教材：「折り紙大使」～加瀬三郎) …… 88

内容項目D 主として生命や自然，崇高なものとの関わりに関すること

19	生命の尊さ	(教材：東京大空襲の中で)………… 92
20	自然愛護	(教材：タマゾン川) ………… 96
21	感動，畏敬の念	(教材：青の洞門) ………… 100
22	よりよく生きる喜び	(教材：そういうものにわたしはなりたい ～宮沢賢治) ………… 104

※本書は小学校道徳科の教科書「新しい道徳」（東京書籍）掲載の教材を扱っています。

本書の構成と特長

　第1章「道徳の授業と評価のポイント」では，道徳科になった趣旨と教科となった道徳の授業づくり，評価の基本的な考え方等について対談形式でまとめています。また，授業を進める際に考慮しておきたい児童の「発達段階による特徴」を最後に記しました。
　第2章「授業の実践事例と評価文例集」では，小学校学習指導要領で示されている内容項目に沿って，それぞれ4ページ構成で次の視点でまとめています。

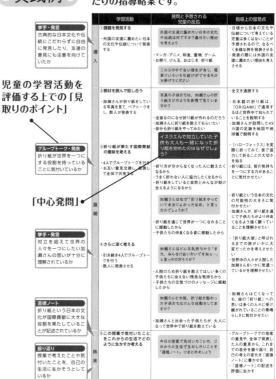

授業のねらい
　その内容項目の道徳的価値，想定される児童の実態，教材の概要と学習課題および授業のめあてを示しています。

授業づくりのポイント
　導入時の工夫やペアトークの活用など，深く考えさせるためのポイントをまとめています。

本教材の評価のポイント
　①児童の学習に関わる自己評価，②教師のための授業の振り返りの評価の2つの視点で示しています。

道徳ノートの評価文例
　児童が学習のまとめとして書く「道徳ノート」や「ワークシート」等への評価文例です。次の2つの視点で示し，「学年別漢字配当表」に従って，児童が理解できる表現で記述しています。

　児童の学びの成長を「認める視点」，さらに「励ます視点」

NG文例 通知表の評価文例として，不適切な表現例とその理由を示しています。

通知表の評価文例
　通知表の「特別の教科　道徳」の評価・所見欄への参考例です。児童の授業中の様子に注目して，特徴的な学びの姿（「成長した」「がんばった」点）を想定し，児童や保護者に分かりやすく伝わるようにまとめています。

指導要録の評価文例
　指導要録の「特別の教科　道徳」（学習状況及び道徳性に係る成長の様子）欄に記述する際の参考例です。簡潔な表現の中にも児童のよさが伝わるようにまとめています。

第1章

道徳の授業と評価のポイント

対談 渡邉 満（広島文化学園大学教授）× 石川 庸子（埼玉県川口市立芝小学校校長）

「道徳」で学びの土台をつくる

◆「特別の教科 道徳」の「特別」の意味

——道徳科が道徳教育の要(かなめ)であるということは、具体的にどういうことですか？

渡邉 古い話になりますが、今私たちが取り組んでいる学校の「教育」と「道徳教育」は、欧米で、およそ17, 18世紀ごろから盛んに論議され始めました。皆さんよくご存じのコメニウスやルソーといった人たちが取り組み始めるのですが、学校教育の基本的な形ができてくるのは、19世紀になってからです。「頭と手と心臓」（今日では、「知・徳・体」とも言います）の調和を強調したスイスのペスタロッチーの学校に世界中から参観者がやってくるのは1808年ごろです。

その後、産業や社会の仕組みも大きく変化し、また国の形も国民国家になってきますと、国民として、また市民として必要なものを育てる近代学校が登場し、いわゆる「読み・書き・そろばん（計算）」だけでなく、さまざまな知識・技能等を教授することになります。そんな中で、19世紀半ばには先の人々の考え方を受け継ぎながら、すべての子供を対象に人間としての在り方をしっかり育てることが最も重要と考えられてきます。ヘルバルトの教育的教授という教科教授と道徳教育の統合論はよく知られています。そのころから教育と言えば、先ずは道徳教育と考えられるようになります。

我が国でも、明治になって学校が創設され、「修身」という科目がありました。国の形が定まると、教育勅語に基づきながら「徳育」と呼ばれ、道徳教育が教育の中心に位置づけられてきました。戦後は修身による道徳教育の行き過ぎが反省され、道徳教育は学校の教育活動全体で行う全面主義の道徳教育が原則になり、今日まで続いているのです。

「道徳の時間」のときも「道徳科」になって

道徳と教科の学習とは親密につながり合っています

■渡邉 満
広島文化学園大学教授
兵庫教育大学, 岡山大学を経て2016年4月より現職。
日本道徳教育方法学会・会長。

も，道徳教育は，学校の教育活動全体を通じて行うことが基本であり，道徳の時間や道徳科は，学校の教育活動全体で行う道徳教育を補充・深化・統合をするため，つまり学校で道徳の学習を進めていくときの要になるものだと学習指導要領で位置づけられているのです。ですから，道徳の時間のときから，他の教科での学習につながる学びを行っていくことが求められてきました。このことは，道徳科になっても変わらない重要な点です。道徳科での道徳の学習をしっかりと進めていくことによって，各教科・領域での学習の中にある道徳の学びの部分が，より豊かになっていくという側面もあります。

石川 私もそう思います。子供たちが道徳科の授業の最後に学習のまとめを書くことがあります。そのときに子供たちはいろいろ思いを巡らし，この1時間で獲得したもの以上のことを記述する子が結構います。以前の道徳科の授業と結びつけて書く子もいれば，社会科で学んだこととつなげて，自分の生き方について書くような子もいるのです。また，実生活と重ね合わせて書く子もいます。日常の学びやこれまでの経験につなげたり深めたり，時には難しさを再認識しながら，未来に向けての思いを記述しています。これは，今求められている「社会に開かれた教育課程」の観点からも大きな意味があると思っています。

渡邉 他の教科の学習で学んだ知識・技能や道徳的在り方を自分の生き方に生かしていくという点で，道徳科は大きな役割を果たしていくことができるということですね。ですから，道徳の学習と教科の学習とは親密につながり合っていると考えた方がいい。これが道徳教育は学校の教育活動全体を通じて行うということであり，道徳科がその要になるということなのではないかと思います。

私はさらにもう少し踏み込んで，道徳の学びが各教科や領域の学びの土台をつくるとも考えています。道徳の学びが土台をつくって，その上に教科や領域の学習が乗っかっていくというか，うまく展開していくのではないかと思っています。だから「道徳科」は「特別」なんだと……。

◆変わる「道徳」の授業

——道徳の教科化の導入前と導入後では，授業者の意識は変わりましたか？

石川 大きく変わったなと捉えています。ど

教科化によって，より「子供の学び」を真剣に考えるようになってきました

■石川　庸子
埼玉県川口市立芝小学校校長
1999年から2年間，埼玉県教育委員会からの派遣により兵庫教育大学大学院で道徳教育について研究。埼玉県知事部局青少年課兼埼玉県教育局生徒指導課を経て，2016年4月から現職。

ちらかというと，今までは主人公の気持ちを問うだけの授業が多かったように思います。でも，道徳が教科化されたのを皮切りに，「考え，議論する道徳」という方針が打ち出され，先生方がそういう道徳の授業をつくるにはどうしていったらいいのか，そしてその評価の問題も一体として，より「子供の学び」を真剣に考えるようになってきたと思います。

かつて低学年の授業でよく見かけたのが，何と答えると先生はニコッと笑ってくれるのだろうと子供たちが考え，先生の中にある何か正しいもの（道徳的価値）を子供たちが探る姿でしたし，そのような授業もありました。

でも，これからは，そういう授業ではなくて，子供同士がお互いの意見を出し合いながら，ああなんじゃないか，こうなんじゃないか，こういう考え方もあると思うんだけど，どうしてそう思うのかという根拠を明らかにしながら考えていく。そこに教師自身も一人の人間として，授業にコミットメントしながら，何かその時間で学ぶべきものをみんなで創り上げていくような，そういう学びのある時間でありたいと思います。これは，「OECD Education 2030プロジェクト」や「持続可能な開発のための教育（ESD）」にもつながると考えています。

渡邉 例えば，「友情」にしても「思いやり」にしても，それぞれ道徳的な深さがあり，多様な側面があって，結構複雑なものだと思います。だから先生が「分かったかな，これが友情だよ」というふうには言えないものではないでしょうか。それは友情というものが抽象的に存在するのではなくて，日常生活の中で成長しながら生きている一人の人間の在り方の一つだからですね。いろいろな立場から見ていくと，それぞれ違った側面のものに思えてくる。そこで言えるのは，いろいろな場面でそれは友情と言えるか，言えないか，それはどうしてかだと思います。

——その道徳における学びと新しい学習指導要領が求める学びは，どのような関係ですか？

渡邉 道徳科ができて，学習指導要領の全体も大幅に改訂されて，その2つがつながってきたと思います。例えば，今までの道徳の授業というのは，道徳的価値があって，それをしっかりと子供たちに理解してもらう，身につけてもらうということでした。ところが，それでは子供たちの在り方は変わらないという問題にぶつかったのです。むしろ子供たちが自分の生き方や在り方を深く考え，見直すために必要な力が重要なのではないか。他のいろいろな教科でも，知識や技能を一つ一つ，基礎・基本に当たるものを確実に習得してもらう，それが授業の基本でした。一方で，「考える力」もとても大事なものじゃないかと言われてきたわけですけれども，なかなかそれが具体化していかない。そうしている間にど

学び合う仲間がいることも，学校での学びの意味です

第1章◆道徳の授業と評価のポイント

んどん世の中が変わっていって、一つ一つの知識・技能というのは古くなっていってしまう。だから、基礎・基本は大切にしながらも、知識・技能を身につけることだけが最終目標ではないということが、一歩踏み込んで言われるようになってきたということです。

新学習指導要領では、これからの社会で子供たちに必要となる資質・能力を「生きて働く『知識・技能』」「未知の状況にも対応できる『思考力・判断力・表現力等』」、そして「学びを人生や社会に生かそうとする『学びに向かう力・人間性等』」という3つの柱で整理しています。この3つの枠組みをしっかりと先生方が押さえておくことが大切だと思います。それは結局何かと言ったら、要するに知識や技能や道徳的価値を教えるというこれまでの考え方を見直すことじゃないかと思います。

大切なことは、先生が知識や道徳的価値を学ばせていくことが、子供たちと一緒に行う授業の実質的な部分だという考え方から離れることだと思います。道徳科で言えば、<u>道徳的な価値を学んでいくことを通して一人一人が自分をより深く振り返っていく。自分の生き方をしっかり考えることによって、そのために必要な力を獲得する</u>。他の教科であれば、知識や技能を身につけていく学びを通して、その知識や技能をつくり出していくために必要な力を身につけていくということです。そういう学びによってそういう力が身についていくし、同時に学ぶことの楽しさ、学び続ける力みたいなものも身についてくる。これは、道徳科と他の教科・領域の学びがつながって、総合的なものである人間性が豊かに育っていくということでもあります。

他者との対話というのが、道徳の学びの本体です

石川 私は学校でそういう学びをする一番大きな意味は、「学び合う仲間がいる」ということだと思います。一人ではなかなかいろいろな考えに出合うことはできませんが、子供たち同士で学び合っていく。その中で子供たちが多様な意見に出合って、多面的・多角的に考えて、今までの自分の考えを更新していくような営みとしての学びができていきます。

ぼんやりしていた自分の考えが友達と対話することではっきりしてきたり、時には、そういうように自分は思っていたけれども、新しい考えに出合って「そうか、違ったのか」と自分の考えを更新したり……。実はそういうことが子供たち一人一人に、そして教室という社会の中で起こっているということを、もっともっと私たち教師は理解してもいいのではないかと思います。

渡邉 そうなんですよ。他者との対話というのが道徳の学びの本体なんです。その本体の学びの成果が生かされていくのが自己との対話です。

石川 そうすると、「主体的・対話的で深い学び」という、そこに直結してくる学びにな

話し合うためのルールを理解しておくことが大切です

ります。

渡邉 だから「考え,議論する道徳」となるわけです。「主体的・対話的で深い学び」というのと同じことを言っている。それがしっかり子供たちに受け止められるためには,先生方が,大事な役割を果たしていくことになります。

——そのときの教師の役割とは何ですか?

渡邉 学びの主体は子供ですよね。そのとき先生はコーディネーターとかファシリテーターとか,補助者というようになって,役割が小さくなっていくように思われますけれども,とんでもないです。逆に大きくなる。「考え,議論する」ような学習に子供たちが取り組むためには,先生が授業をきっちり整えていかないとできないのです。

例えば,シンポジウムで3人ぐらいのシンポジストが舞台に出て議論するときに,コーディネーターはそれにちょっと何か質問をするぐらいの役割だと思われるかもしれませんが,コーディネーターって難しいですよね。3通りの意見がバアッと出るわけですから,出っ放しで終わるわけにはいかないので,コーディネーターはこれらをつなげたり,対立させたりしなければいけないということです。論点整理が欠かせません。

今までの道徳の学習でちょっとまずかったのは,価値観の多様性というか,いろいろな考え方があるのだから答えはなくて,一つ一つの意見に価値があるんだみたいに受け止められていて,意見の出し合いが深まっていかないという問題があったことです。

石川 確かに,今までの道徳の授業を振り返ってみますと,どちらかというと実は発表し合い,つまり意見をそれぞれが述べて終わり……という授業になっていなかったかという,私自身の反省があります。<u>道徳科の授業は,子供たち一人一人がよりよい生き方について自分の考えを更新しながら,他者とともに,今その場で最善解や納得解を創り出していく場です</u>。そういう力を教師が子供たちのために身につけるようにしていくことが,これから求められる大事なことですね。

また,その最善解も,今日はこのクラスでの最善解ですが,明日,話し合えば,もしかしたらもっと違う新しい考えが出てくるかもしれないといった,「学び方」と言ったらいいのでしょうか,そういうことを道徳科の授業で学んでいくことも一つ大事なことなのではと思います。それはきっと,社会を変革し,未来を創り上げていくためのキー・コンピテンシーを育てることにつながると思います。

◆話し合いのルールが大切

——子供たち同士の話し合いを活発にするためには,何が大切ですか?

渡邉 一つには話し合うためのルールを理解

第1章◆道徳の授業と評価のポイント

しておくというのがあります。例えば，兵庫教育大学大学院で学ぶ現職教員院生と，その院生が勤務する学校の子供たちとが一緒に考えたものがあります。子供たちに，話し合うときに何を大切にして話し合ったら，いい話し合いができるかという課題を投げ掛けて，いろいろ出てきたアイデアを子供たちと整理して，最終的に残ったのが次の6つのルールです。

話し合いのルール
①誰も自分の意見を言うことを邪魔されてはならない。
②自分の意見は必ず理由をつけて言う。
③他の人の意見には，はっきり賛成か反対かの態度表明をする。その際，理由をはっきり言う。
④理由が納得できたら，その意見は正しいと認める。
⑤意見を変えてもよい。ただし，その理由を言う。
⑥みんなが納得できる理由を持つ意見は，みんなそれに従わなければならない。

これは奇しくもドイツの哲学者が，コミュニケーションが成り立つための前提条件として挙げたものと結果的に一致していました。私は小学校の中学年や高学年になったら，こういうルールを設定して，教室の黒板の上に掲示するなどして，どの授業の話し合いでもこのルールに則って行っていくといいと思っ

ているんです。

石川 それと，学級経営がやはり基盤だなと思います。子供同士，子供と教師の信頼関係が結ばれた学級経営のいいクラスは話し合いも活発です。先ほどのルールを，「ルールがあるから守らなくてはいけないから」というよりも，「みんながよさを発揮できて，率直に話し合えるから」と共通理解されているから，学級という社会の中でみんなの話し合いが気持ちよく回っていくという，そんな感じがしますが，どうでしょう。

渡邉 でも，どの学級も最初はばらばら。

石川 ばらばらです。でも，だんだんやっているうちに……。

渡邉 うまくなってくる。話し合いのルールに基づいてできるように取り組んでいくことによって，学級のまとまりのなさも変わってくるというか，いい関係になってくる。それと同時に話し合いも，より質の高いものなっていくということですかね。

石川 はい。学級という社会も進化する。話し合いも進化する。その中で一人一人も成長するということだと思います。まさに，Well-Being です。

◆道徳科の評価の基本

――道徳科の評価は何のためにあるのですか？

渡邉 学習指導要領が改訂されて，「主体的・対話的で深い学び」ということが重要視されるようになりました。それは評価の側面から言うと，「指導と評価の一体化」という原則の重視でもあると思います。学びの評価，学びの在り方を評価していく。学びは教師の指

道徳科の授業は，最善解や納得解を創り出していく場でもあります

導によって子供たちが展開していくものですが，その学びが教師の指導の在り方へ反映されていくという，いわゆるPDCAサイクルです。そういう一つの評価の在り方が，確立されようとしていると言っていいかと思います。

その中で道徳科の評価は何のためにあるのかと言ったら，人間としての生き方についての子供たちの主体的な学びを促進することにあります。そして教師の指導の在り方を改善するため。つまり，子供たちが自分の学びをより主体的なものに発展させることができるように，教師は評価を行うことが求められています。教師の学びというものについての考え方，それから，その授業準備のときにつくり上げてきた，ねらいや課題設定や展開の流れ，その中で子供たちから出てくるであろう意見の予想，出てきたさまざまな意見の論点整理の観点など，こういう準備をしっかりとやっていれば，おのずと教師はその授業で子供たちの学びが深まっているか，授業の何が課題であったのか，うまくいかなかったのはどこなのかということが分かるということです。授業準備がちゃんとできていない場合には，評価もできないということではないでしょうか。

一方で，気を付けなくてはならないのは，道徳教育や道徳科では道徳性を養う，あるいはその道徳性の具体的な中身である「道徳的な判断力，心情，実践意欲と態度」を育てるということですが，それを評価の対象にするのかどうか。しかし，その部分は実際，短時間では評価ができないものです。だから，それに向けた学びの在り方を評価する，つまり

学びの姿を肯定的に評価していくのが最も重要です

学ぼうとしているその姿を肯定的に励ますように評価していくことが，道徳科の評価においてはもっとも重要な点として位置づけられています。

——道徳科の評価の難しさはどんなところにあると思いますか？　例えば，日常生活における子供たちの行動の記録と道徳科の授業における評価との違いとか。

石川　学校生活の中で子供たちの日常的な様子を見ていて，子供の姿に共感的な理解をしつつ，「この子はこんなことができるようになった」とか，「前は友達関係が希薄な傾向があったのに，最近は積極的にお友達に声を掛けて友達の輪を広げようとしている」とか，子供たち一人一人のよさを積極的に捉えていくという点では，大変似通っていると思っています。しかし，それは学校教育全体を通した子供たちの行動のよさを捉えていく方法です。でも，道徳科の評価は道徳科の時間の中での学びを捉えた評価。ここが大きく違うところだと思うので，そこはすみ分けが必要だと思います。

そしてもう一つ，難しいなと思うのは，国語，算数，理科，社会などの教科では，学習のねらいに対してどうだったかという評価になります。それに基づいて評価基準がつくら

れますので，評価基準も非常にねらいに即したものです。だからこそ，ねらいと評価が一体化してきます。ところが，道徳科は先ほど渡邉先生がおっしゃったように，「道徳性を養う」という文言で，例えば判断力を育てる，心情を育てる，意欲と態度を育てる。では，それを評価するのかというと，道徳性は評価しないという縛りがありますので，若干，先生方には混乱があるというのが現状です。

そこは，私どもが気を付けなければいけない二つ目のことかなと思っています。道徳性は評価できないわけですから，例えば「主体的・対話的で深い学び」という観点から，子供がどのような学びの姿だったのかというのを捉えて，それを認めて，励まして，よさを見ていくということが大切だと思います。

そして三つ目に難しいなと思っていることは，通知表や指導要録への書き方の問題です。道徳科の評価は「大くくりなまとまりを踏まえた評価とする」と言われていますが，通知表というのは，子供のよさや学びを子供に伝え，保護者にも伝えるという役割がありますので，分かりやすい文言で書かなければいけません。一方，指導要録の方は公簿で，しかもスペースが大変限られていますので，その中で子供のよさを表現できるような評価にしていく必要があります。

――「大くくりなまとまりを踏まえた評価」というのは，どういうものですか？

渡邉 「大くくりな評価」とは，単位時間ごとや内容項目ごとの評価ではなくて，学期や年間を通じた学びの成長の様子を見取りながら評価していくということです。ただし，子供の学びの顕著な様子の一例として，通知表の場合には教材や内容項目に触れつつ学習状況の様子を取り上げたり，指導要録の場合には，記述するスペースもあまりありませんから，多少，内容項目に触れたりして記述してよいということです。いずれも個別の内容項目の理解の度合いや道徳性を評価して記述してはいけないということが重要です。

◆大切な「道徳開き」

――授業の中で子供たちの学びの様子を見取るには，具体的にどうすればいいですか？

石川 座席表を用意して，子供の様子をチェックし，簡単なメモを書く担任がいます。それから机間指導をして，声を掛けながら，あるいは話し合いの時の記録を付けたり。板書の際，ネームプレートを活用しているので，授業後に板書を撮影して評価につなげる教員もいます。あとは，研究授業などでは，他の教員が「ここのグループの○○さんがこんないいことを言っていたんだよね」と気付いていて，子供のよさをピックアップして，担任に伝えてくださるという場面があるんですけれども，それも非常に効果的だなと，最

子供の学びの姿からよさを捉え，認め，励ましていく

近取り組んでみて思っています。教員にとりましても，子供の学びをどう見取るかを多面的・多角的に考えるよい機会ですし，子供の学びを根拠に授業改善にもつながっていきます。

それから最終的に大事なのは，子供が書きためていくポートフォリオ形式の道徳の「心のノート」です。本校は道徳教育推進教師が中心となり，「芝小　心のノート」として全校統一で取り組んでおりますが，そういうものを書きためていくことですね。運動会があったり，なかよし集会があったり，いろいろな行事がありますので，その感想なども「芝小　心のノート」に書かせていくと，道徳的な学びを加味して書く子がいます。

――「心のノート」の書き方は，子供たちにどういう場で教えるのですか？

石川　本校では年度初めに全学年で「道徳開き」をしています。道徳の授業と学び方，道徳の時間というのはこういう時間だよということを指導するんですけれども，そのときに「心のノート」に書くことも教えます。例えば，目指す人間像，どんな人間になりたいかというのを一人一人に考えてもらったりします。1年生の場合は少し時期をずらして保護者に説明をしてから，どんな人間になってほしいのか，その理由も含めて保護者と一緒に考えさせます。それで1学期が終わる少し前に，1学期の道徳科での学びを振り返って，子供たちにコメントを書いてもらうんです。

そうすると，そこに道徳の授業の振り返りや目指す人間像についてなど，さまざまなことが記されます。そしてそのノートは家庭に持って帰ってもらいます。そうすると，保護者がそれに対して子供の生き方に対しての応

子供たちは徹底的に話し合えることに，面白さを感じています

援メッセージを書いてくれます。それを今度は教師が預かって，他の記述や授業での学びの姿を捉えながら，全部加味しながら評価に生かすと，私は，これは非常に効果があるなと思っています。

渡邉　「道徳ノート」を上手に使っていくためにも，道徳での学びの在り方やノートの使い方を考える「道徳開き」が大切ですね。先ほどの話し合いのルールも，そこで確認していくとよいと思います。最近では，それをオリエンテーション・ページと名付けて，どこの会社の教科書にも用意されています。これは大事にしたいところです

道徳科の授業は，週1回，年間で34時間ないし35時間しかないので，すぐ内容項目の学習や教材を使った学習をしたいとお考えの先生もいらっしゃる。でも，<u>「メタ認知」ということで，児童生徒の学びと学びの在り方ということに焦点が置かれているのが，今の学校での学習の課題です</u>。道徳に限らず，子供たち自身が学びの在り方を学んでいくことが一つ大きな課題とされています。そうすると，自分の「道徳ノート」を上手に使うことで，その学びの在り方をしっかり学んでい

子供たち自身が学びの在り方を学んでいくことが一つ大きな課題です

くことになるだろうと思います。

◆道徳の授業が好きになるには

——教師も子供も道徳の授業が好きになるにはどうすればいいですか？

石川 子供たちの声を率直に聞いたんです。「道徳の時間は好きですか？」というアンケートを取って。そうしたら，低・中・高学年で，発達段階に特徴がありながらも，たくさん発表できるから好きだという子供たちが大勢いました。「よく考えてたくさん発表できて，友達の意見を聞けて，話し合いができて，自分の意見を聞いてくれるから」と。高学年になると，「自分の意見との違いを比べられたり，みんなで意見を言い合えたり，自分とは違う意見を出し合えたり，みんなで新しい考えを創り出していったりすることが楽しい。だから道徳の時間が好きだ」と言います。以前は，道徳が好きな理由が「お話が好き。お話が面白いから」という子もいましたが，今はお互いの意見を出し合って議論していくと学びが深まり，新たな考えに出合っていくことが楽しいんだという子供たちが，圧倒的に増えました。

楽しさの質の変化ですよね。逆に嫌いな理由というのは，これはどの教科でも共通していて，ノートに書くのが面倒くさいとか，自分の意見を言うのが恥ずかしいからというのもあります。これは道徳科に限らず，ほかの教科・領域でも共通することですけれど。

でも道徳科が好きだという子たちは，徹底的に話し合えるというか，そこへの面白さを感じているということですね。教師が思っている以上に，子供たちは学んだことを生活の中で生かそうとしているということに，私たちは驚きました。だからこそ，道徳科の時間って素敵な時間じゃないかと思うのです。

そして，そういう子供の声が返ってくると，先生方もまた一歩，道徳の授業が好きになります。これまで2年間，道徳が教科になるからと，先生方が主体的に道徳教育の研究に取り組んできて，そういうこともあるんだなというのを実感しています。この2年間の最後がこういう子供たちの声だったんです。これは先生方も好きになりますよ。道徳の授業が。

渡邉 今回，石川先生とのこの対談を通して，子供たちは道徳科の授業を実は楽しいと考えていることが分かりました。子供たちは日常当たり前のことと考えて道徳を実践しているのでしょうが，道徳科の授業で友達とじっくり学ぶことで，意外に当たり前ではなかったことに気付くようです。その際，当たり前のように受け止めていたことについて「どうしてなのだろう？」と理由や根拠を考えることが，子供たちには発見もあって面白いようです。その発見を喜ぶ姿を評価として記述できると，子供たちには何よりの励ましになると改めて思いました。

発達段階による特徴を押さえよう

◆◆◆ 小学校　高学年 ◆◆◆

◆個人の意識や集団活動での様子

　身体が大きく成長し，自己肯定感をもち始める時期ですが，発達の個人差も大きく見られるため，劣等感をもちやすくなる時期でもあります。生活の範囲や集団への意識は家庭から学校，地域社会へ，さらに国家や世界の国々や人々への関心へと，時間的にも空間的にも広がりを見せます。

　学校内では上級学年としての自覚が芽生え，学級内だけでなく，学年間，校内全体での役割を自覚し，計画的・組織的な活動や運営が可能となってきます。集団内のルールを理解して，主体的に守っていこうとする態度もより育ってきます。

　人間関係では好き嫌いがはっきりし，思春期への準備段階として，性に対する意識の高まりから，恋愛感情が芽生えたり，逆に男子と女子が対立する場面が出てきたりします。友達との関係では自己中心的なものから脱し，相手への思いやりの心で結びつくような関係に発展していきます。一方で，他者から自分がどのように見られるかが気になり，非難や批判を恐れて，付和雷同的な行動や言動が見られるようになることもあります。いじめが悪いと分かっていても，それをただすことができず，傍観者になってしまうような場面もあります。

◆道徳科の授業で気を付けたいこと

　自律性が高まり，自分自身を振り返ることができるようになってくるため，教師はそれを認め，励まして，より広い視野から考えられるように促す必要があります。自由や責任，公正・公平，権利・義務といった抽象的な道徳的価値も理解できるようになってきますが，授業では羞恥心の芽生えから，積極的に発言をしなくなる傾向も出てきます。そのため，話し合いの場面では，教師は日ごろから話しやすい雰囲気づくりに努めるとともに，自分の心のうちを内省し，表現できるツールとして，「道徳ノート」や「ワークシート」を積極的に活用する必要があります。

　下記の「道徳性の発達段階」では，第3段階で考えられることを目指します。

道徳性の発達段階 （コールバーグの理論より）

①慣習以前のレベル　第1段階　罰と服従思考(上下関係の中での相手)
→正しさを身近な大人に従って考える段階

第2段階　道具主義的・相対主義的傾向(対等な関係の中での相手)
→自分の気持ちや利害を基準にして正しさを考える段階

②慣習的レベル　第3段階　対人関係の調和思考(よい子思考，集団)
→規則で成り立つ集団(家族や学級)の一員であることを基準にして正しさを考える段階

第4段階　「法と秩序」志向(規則や法)
→集団や規則を尊重するが従属せず，自律的に考えることができる段階

◀─────────── 小・中学校での学びで達成させたいレベル ───────────▶

③慣習以後のレベル　第5段階　社会契約的・遵法主義志向
第6段階　普遍的な倫理的原理志向
→正しさを原理的なレベルで考える高度な段階

※「慣習 (convention)」とは互いがつくりだす集団や社会のこと。

第2章

授業の実践事例と評価文例集

対象学年 小学6年生　内容項目：A-1　善悪の判断，自律，自由と責任

主題名

1 ほんとうの自由とは

教材　修学旅行の夜

　授業のねらい

　自由な行動とは，周囲の状況や物事の善悪を踏まえて自分で自律的に判断し，行動することである。ゆえに，行動したことによる自己責任を伴うが自由だからこそできることもある。高学年の時期は，自由の捉え違いをして周りのことを考えずに，自分勝手な行動をしてしまう姿が見られる。本教材の登場人物も自由の捉え違いをして，「修学旅行の夜ぐらい自由にしたい」と思い，消灯後も自分勝手な振る舞いをして，周りに迷惑を掛けてしまうという内容の教材である。

　本授業は，先生から言われた「自由と自分勝手の違い」について考えることを通して，ほんとうの自由の意味について理解し，自由に行動するときには責任感をもって，自律的に判断し行動しようとする態度を養うことをねらいとしている。

　授業づくりのポイント　

準備するもの
・挿絵（掲示物）
・登場人物のイラスト

　導入では，「自由」という言葉からイメージできる行動を話し合うことで，授業前の自由の認識を確認する。事前にアンケートを取って活用すると，児童の実態を把握できるとともに授業の進行もスムーズに展開できる。中心発問では，自由と自分勝手の違いを考えることで本授業のねらいにせまる。その際，話し合い活動を取り入れて多様な考えに触れることで，自由に伴う自己責任の大きさや自由のよさを多面的・多角的に理解できるようにする。さらに，終末では導入と同じ発問をすることで，授業前後の思考の変容を捉えることができるようにする。

　本教材の評価のポイント

①児童の学習に関わる自己評価
　・話し合い活動を通して，自由に対する自己の考え方を再構築できているか。
　・道徳的価値の理解を基に，具体的な場面での自由な行動を考えることができているか。

②教師のための授業の振り返りの評価
　・自由とは自分勝手に行動することではなく，周囲の状況を考えて自律的に判断することで，自己責任が伴うことを自分なりに理解できていたか。また，その理解を基に自由な行動について話し合う中で，自由のよさについて考えることができていたか。

実践例

		学習活動	発問と予想される 児童の反応	指導上の留意点
挙手・発言 自分の体験を発言したり，友達の発言に興味をもって聞いている	導入	①問題を把握する ・自由な行動について話し合う	もうすぐ修学旅行ですが，もし，修学旅行の夜，自由に行動してもいいですよと言ったら，どのようなことをしますか？ ・夜遅くまで友達と話す ・枕投げをする ・自由といっても何でもしていいとは限らない 今日は「自由」について考えることにしましょう。	・「自由」という言葉から何でもしてもよいというイメージを浮き彫りにする。また，「自由」といっても何でもありとは違うという意見も拾い，「自由」とはどういうことなのか（問題）という課題を把握して学習に臨むようにする（事前アンケート等を活用するとスムーズに進められる）
ペアトーク・発表 友達の意見をよく聞いて，発表している	展開	②教材を読んで話し合う ・自分の意見がまとまったら，隣の人とペアトークをする。そして，発表する	消灯後，注意していた時「わたし」はどんなことを考えていたでしょうか？ ・班長のわたしが注意しなきゃ ・できるだけ静かに寝ようと約束したのに 注意をやめて，おしゃべりの仲間に入ったとき，「わたし」はどんなことを考えていたでしょうか？ ・誰も言うことを聞いてくれない ・やりたくて班長をやっているのではない ・みんなしゃべっているから，いいかな ・修学旅行の夜ぐらい自由にしていいか	・全文を通読する ・主人公を紹介し，挿絵で内容を整理する ・班長としての役割を果たそうとしていることに共感させる ・注意しても聞き入れてくれない状況と自分も楽しみたいという思いから，自分勝手に行動し始める「わたし」の心情を捉えられるようにする
道徳ノート・挙手・発言 話し合いを通して，自由と自分勝手の違いを多面的・多角的に考えている		③自由と自分勝手の違いについて考える ・自分の意見を「道徳ノート」にまとめる ・グループや全体の話し合いの中で，自分の考えが変容したことや付け足したいことを色を変えて記入する	自由と自分勝手の違いとは何でしょう？ 【自由】 ・何でもできるということではなく，自分たちで考えて行動しないといけない ・周りの人に迷惑を掛けないように考えないといけない ・自由に行動することは，自分に責任が伴うことになる 【自分勝手】 ・後先を考えないで好きな行動をとっている ・周りの人のことを考えずに行動している ・ルールを守らない	・「自由な行動」と「自分勝手な行動」について比較しながら考えることで「自由」について，多面的・多角的に考えることができるようにする ・多様な考えが出る中で，「自由な行動」と「自分勝手な行動」の線引きとなる部分の根拠を話し合うことで，ねらいに迫るようにする ・「自由」とは，自分で判断し行動することで，自律性と責任を伴うことであることが理解できるようにする
道徳ノート 本授業のねらいとする道徳的価値の理解を基に，「自由に行動する」ことについて考えている	終末	④授業を振り返り，「自由に行動する」とはどういうことなのか，自分なりに考えをもつ	もし，修学旅行の夜，自由に行動してもいいですよと言ったら，どのようなことをしますか？ また，そう考えた理由も「道徳ノート」に書きましょう。 ・就寝時間を決めて友達と話をする ・時間を守って，迷惑の掛からない遊びをする	・導入時の発問と同じ内容を問い掛けることで，児童の考え方の変容を捉えやすくする

21

A-1 善悪の判断，自律，自由と責任

自由を大切にし，自律的に判断し，責任のある行動をすること。

評価のためのキーワード
①自律的に判断する
②自由には責任が伴う
③自ら信じることに従って実行する

自由とは好き勝手に行動してもよいと捉えてしまう児童も多いです。自由とは何なのか，友達と話し合いながら自分なりに理解しようとする姿を評価しましょう。

道徳ノートの評価文例

「自由な行動では周りの人に迷わくをかけない」と，自分なりに自由と自分勝手の違いを考えることができましたね。

自分で決めて行動するときは，失敗することもあります。その失敗を次に生かすことで成長できることが分かりましたね。

通知表 NG 文例

●修学旅行では，道徳科の学習で学んだことを生かして，規律を守り，自分たちで考えて行動していました。

なぜ？NG：道徳科の授業の学習状況ではないから。

●自由と自分勝手の違いを考えることを通して，自律的に判断して行動できることが増えてきました。

なぜ？NG：学校生活の様子が道徳科の授業において成長したかは，容易に判断できないから。

通知表の評価文例

教材「修学旅行の夜」の学習では、自由と自分勝手の違いを考えることを通して、「自分の言動が、後にそれがどのような結果につながるのかを考えて行動しないと、自分勝手な行動になる」というように、自律的な判断の大切さに気付くことができました。

教材「修学旅行の夜」の学習では、話し合い活動を通して友達の考えを取り入れながら「自由とは、どのように行動するかを自分たちで決めることになるので、いつも以上に慎重に考えて物事を決めなければならない」というように、「自由」の意味を自分なりに理解し説明することができました。

教材「修学旅行の夜」の学習では、「自由に行動するということは、自分で責任感をもって正しい行動を見つけることになるので、とても成長する機会になる」と意見を発表することができました。難しいことでも前向きに考えることができる姿勢に好感がもてます。

指導要録の評価文例

常に自分の意見をもって対話に臨み、それに固執することなく、さらによりよい意見や生き方はないかと考え続ける姿が見られた。

自己の生活を振り返るときは、いつも直近の具体的な場面を想定して自分を見つめ直すことができていた。

対象学年
小学6年生

内容項目：A－2　正直，誠実

主題名

2 誠実に生きるとは？

教材　手品師

 授業のねらい

「誠実さ」とは，他人が見ている，見ていないに関わらず，他人に対しても自分自身に対しても嘘・偽りやごまかしがなく，自分の良心に従い，真心をもって行動しようとする態度（心）のことである。言行の不一致や，うわべだけの巧言令色は，他人や社会の信頼を失うだけでなく，自分の心をも暗くする。心が歪んでいれば，生活も暗くなる。反対に，言行の一致は，自他共に心が明るく晴れやかになる。心が明るければ，生活も明るくなる。誠実に生きることは難しく，なかなかできることではないが，そのような生活をしたいと心掛けて生活することが大切である。

本教材は，手品師として，貧しくとも，心豊かに，自分に恥じない生き方をしようとする手品師の誠実さに感動できる教材である。同時に，寂しい男の子を助けずにはいられないという「思いやり」の心についても考えることができる教材である。教材を通して，他人にも，自分自身に対しても，誠実に明るい心で生きていこうとする意欲や態度を培いたい。

 授業づくりのポイント

準備するもの・スケール図，ネームカード

・スケール図を利用して，夢と男の子のどちらに向かうことが誠実なのかを判断させる。
・手品師の人間的なよさを支える心（原動力）について考える。
・迷う上で，道徳的価値を窓口として心の動きを考え，どのルートが誠実なのかを，対話を通して，考察していく。

 本教材の評価のポイント

①児童の学習に関わる自己評価

・授業を通して，今までと考え方・感じ方が変容し，納得することができたか。
・誠実な人の生き方に心を動かすことができたか。自分にできることは何かを考えられたか。

②教師のための授業の振り返りの評価

・手品師の迷いに共感させる中で，誠実とは何かを追求する発問（問い返し）ができたか。
・手品師の人間的なよさを関係的・構造的に捉え，板書に表すなどの思考活動ができたか。

実践例

左側注記欄：

挙手・発言
自分なりの学習問題を見つけ，考えようとする。学習のスタートの時点で課題を発見し，見通しを立てることで学習意欲が高まったか

選択➡思考➡判断➡表現
自己の考えを明確にするとともに，どのような根拠で思考しているのか理由を考えさせたい

挙手・発言
「誠実さ」の意味を多面的・多角的に考えている

挙手・発言・板書
手品師の誠実さについて黒板を使い，対話を通して自分の考えを広げようとしている

道徳ノート
学習を振り返り，テーマについて経験を通して自分事として捉え，多様に自己の考えを深めることができたか

	学習活動	発問と予想される児童の反応	指導上の留意点
導入	①課題を発見する ・「誠実」という言葉のイメージを発表する	「誠実な人」とはどんな行動をとる人だと思いますか？ ・真面目な人，信頼できる人，約束を守る人 ・一生懸命な人，正直な人 真面目な人は好きですか？ ・好きだけど，付き合いづらいかな ・考え方が堅そうだからな	・自分の生活を振り返り，現在の自分の問題として捉えさせ，ねらいとする価値への関心・問題意識を高め，展開への学びを持続させたい ・自分との向き合い方についてズレを起こさせることで，問題意識を高めさせたい
展開	②教材を読む ・登場人物・あらすじなど，条件，情況を知る ・資料の範読を聞き，登場人物の考えや行動で不思議なことや話し合いたいことを発表する ③教材について話し合う ・スケール図を利用して，夢と男の子のどちらに向かうことが誠実なのかをネームカードを黒板に貼らせて判断させる ・手品師の人間的なよさを支える心について考えさせる。 ④道徳的価値を窓口にして，迷う上での心の動きのルートを考え，発見していくことで，「誠実さ」についてさらに考えを深めさせる	手品師は何に迷っていますか？ ・友達との約束を果たすために大劇場に行くこと ・男の子の約束を果たすこと ・自分の夢をあきらめたくない気持ち 男の子と，大劇場のどちらに行くことが誠実だと思いますか？ ・男の子。目の前の子の幸せを考えられない人は誠実ではないから ・大劇場。これまでの努力が台無しになってしまうことは，自分自身に対して誠実ではないから 手品師が大切にしていることは何でしょうか？ ・人を喜ばせたい ・人を手品で笑顔にして幸せにしたい 人の思いを大切にする手品師の誠実さとは何でしょうか？ ・手品師は，男の子のことを思いつつ，大劇場に行ったとしても誠実だと思う ・男の子のことを深く考えることで，さらに自分の夢について向き合える人 ・人を喜ばせるという大切な心から，自分が本当に大切にしたいことを改めて考えることができる人	・「あれ，どういうことだろう」という問題意識をもちながら，誠実ってどういうことだろう？」という視点で教材を読ませる ・それぞれの立場での手品師の心情をしっかりと捉えさせたい ・道徳的価値に優劣をつけることが目的ではなく，それぞれの「誠実」について深く吟味し，そのよさを比較したり，関係づけたりすることで道徳的価値について多面的に考えさせたい ・手品師の行動を支える原動力的な心について考えさせたい ・手品師の心遣いを通して，道徳的価値のよさについて対話を通して吟味させ，自分の経験と関連させて考えさせたい
終末	⑤今日の学習を振り返り，考える ・学習課題について事前の考えと授業を通して学んだことを比較させて，自己の学びを更新させる	自分の経験を振り返りながら，今日学んだことを「道徳ノート」に書きましょう。	・以下の３つの視点を大切に，自分の考えを整理させ，深めさせたい ①学習で分かったこと ②友達の意見を聞いて考えたこと ③これからのこと

25

A-2 正直, 誠実

誠実に, 明るい心で生活すること。

評価のためのキーワード
①自他共に, 嘘・偽りやごまかしがなく接する
②自分の良心に従い, 真心をもって行動しようとする
③言行一致により, 信頼が得られる
④真心をもって物事を決断する生き方

誠実に生きることは難しいですが, 迷う中で, 人間的なよさを見つけ, 誠実な生き方のよさを実感しながら, 誠実であろうと心掛けて生活していくことが大切ですね。

道徳ノートの評価文例

👍 手品師の努力してきた誠実さと約束を果たす誠実さの両方の心づかいを通して, 考えがみがかれて素晴らしいですね。

📣 手品師のように迷う中で, 精一杯, 相手のことをたくさん考えることで, 自信をつけて生活していきたいですね。

通知表 NG文例

● 教材「手品師」から男の子の約束を守ることが誠実であるということを学んでいました。手品師のように考える人になってほしいです。

なぜ❓NG：日常の生徒指導と混同した表現だから。

● 自分の考えを大切にしています。今後さらに人の考えに耳を傾け, 誠実さを発揮してほしいと思います。

なぜ❓NG：人格や個性に言及する表現だから。

通知表の評価文例

自らの経験と照らし合わせて考えるようになってきました。教材「手品師」では，手品師の誠実さを通して，思いやる気持ちの動きについて深く考えることで，「誠実さ」とは何かについて自分なりの答えを見つけ，誠実に生きるよさについて考えていました。

教材「手品師」では，男の子との約束を守るか，自分の夢を実現するかという手品師の迷いを通して，常に相手がどのように思うのかを意識しながら，友達と対話していく中で，自分の考えを広げていました。また，これからの生活についても考えていました。

授業では体験的な活動を通して，自分との関わりで登場人物の気持ちを考える機会が増えました。教材「手品師」では，手品師だけではなく，手品師の友達や家族や男の子の視点に立って「誠実」とは何かを考えたことで，新たな視点で自分の考えを深めていました。

指導要録の評価文例

特に，誠実な心について，友達の考えと自分の考えを比較しながら，進んで自分の考えを深めていた。

葛藤状況に置かれたとき，自分ならどうするかを考えながら，授業に臨んだことで，自分事として考えていた。

対象学年 小学5年生
内容項目：A－3 節度，節制
主題名

3 欲しい物と必要な物

教材 流行おくれ

授業のねらい

　節度，節制とは，健康や安全を含めた基本的な生活習慣を身につけるとともに，主体的に自分の生活を見直し，節度を守り節制に心掛けることである。5年生ともなると，基本的な生活習慣が必要であることは十分に理解できており，学校生活の中ではおおむね定着しつつある。一方で，基本的な生活習慣の大切さが，実感を伴った具体的な理解にまで深まらず，自らの生活の問題点に気付くことができない児童も多い。

　本教材は，物や金銭の活用に焦点を当て，自分本位な要求を押し通そうとした主人公が，母や弟の言葉によって自己を見つめ直す姿を描いている。本教材を通して学んでほしいことは，よりよい物，新しい物を求めようとする欲求を単に我慢することではない。自分にとって価値ある物を求めようとすれば，それに伴う負担や対価が必要であり，行き過ぎた欲求は，自分だけでなく，周りにも大きな影響を与え，過重な負担を強いることになると気付き，物や金銭の望ましい活用への理解を深めることが重要なのである。このような価値の理解を通して，物や金銭の活用に対する自らの判断に従って，自らの欲求を自制しようとする態度を育てる。

授業づくりのポイント

　主人公のまゆみが分かってほしかったことと，母が伝えたかったことを対比して語り合うことによって，物や金銭の望ましい活用に多面的・多角的な見方を広げられるようにする（グループ対話）。また，欲しかったジャケットの要求を続けるか，止めるか，立場を明確にして考えを交流することで，一人一人の物や金銭の活用を見直し，価値への理解を深める（全体交流）。

本教材の評価のポイント

①児童の学習に関わる自己評価

　・自分本位な要求，行き過ぎた欲求とは何かを，自分事として考えることができたか。

　・望ましい金銭の活用を立場や見方の違いから捉え直し，自らの生活を見直そうとしたか。

②教師のための授業の振り返りの評価

　・事前の意識調査が価値観のずれを明確にし，物や金銭の活用への疑問を生んだか。

　・まゆみと母親を対比させた語り合いは，価値観の捉え直しにつながっていたか。

実践例

事前の意識調査
「最も欲しい物」「それは必要か,不要か」「その理由」を問い,現時点での考えを把握する

発言
自分の体験やこれまでの価値観を基に,自分なりの考えや疑問を伝えようとしている

相互対話
おのおのの立場に立って,進んで自分の考えを発言したり,異なる立場からの考えに耳を傾けたりする

グループトーク・発表
同じグループのメンバーの考えを受け止めながら,必要かどうかの見方(判断)に目を向けた話し合いをしているか

発言
必要かどうかの判断に新たな価値観を取り入れて考えているか

道徳ノート(ワークシート)
必要かどうかの判断やその理由に広がりや深まりが見られるか。自分の判断を進んで生活に取り入れようとしているか

	学習活動	発問と予想される児童の反応	指導上の留意点
導入	①問題を把握する ・事前の意識調査を基に,欲しい物と必要な物の違いを考える	欲しい物と必要な物は,同じでしょうか? ・同じではない。欲しい物は,あるとうれしいけど,必要な物とは限らない ・必要な物は,ないと困るものだから,買わないといけない あなたが欲しい物は,必要な物と言えるでしょうか? ・勉強や生活にないと困るとは言えない ・必要か,必要でないかを,どのようにして決めたらよいのだろうか	・事前の意識調査により,欲しい物と必要な物をどのように考えているかを把握する ・必要の程度を数直線などで表すと,一人一人の考えを表明しやすくなる ・必要とは言えなくとも,抑えられない気持ちや必要かどうかの判断への疑問をめあてにつなぐ
展開	②教材を読んで話し合う ・まゆみと母の立場に分かれ,互いの考えを伝え合う	ジャケットは必要な物でしょうか?二人の考えを伝え合いましょう。 (まゆみの立場から) ・はやりの物は今,買ってもらわなければ意味がない ・必要かどうかだけじゃなく,欲しい気持ちの強さを分かってほしい ・うれしいとか,幸せな気分とかでも,必要な理由になるんじゃないかと思う (母の立場から) ・ジャケットが,これからの生活に役に立つとは思えない ・欲しい物を自由に買っていたら,誰かが必要な物を買えなくなることもある ・物を大事にできない人は,新しい物も大切にはできないのではないか	・まゆみが分かってほしかった気持ちを自分の体験と重ねながら語らせることで,自分事として人間理解を深める ・母がまゆみに伝えたかった考えに目を向けさせることで,必要かどうかの見方(判断)を広げられるようにする
	③二人の考えを対比し,物やお金の活用に対する捉え方の違いを知る ・考え方の違いをグループごとに話し合い,発表する	**ジャケットが必要かどうかを判断する時に大事にしたのは,どのような考えでしょうか?** ・まゆみは自分の喜びや満足感を大事にしている ・母は家族みんなのバランスを考えている ・これからの生活に役立つかを大事にしている ・物を大切に使っているかどうかも大事だと考えている	・まゆみの判断の基準は,自分だけの必要感と満足感であり,母親の判断の基準は,金銭や物の望ましい使い方にあることに気付かせる ・母親の考えを,「よりよい生活につながるか」「家庭へ過重な負担はないか」「大切にすることができるか」など,具体的な見方に整理して金銭や物の活用への理解を深める
	④その後のまゆみの決断を考える ・物語のその後を想像させ,決断の理由を発表し,話し合う	まゆみは,欲しかったジャケットをどうしようと考えたのでしょうか? (補助) 何がまゆみの判断を変えたのでしょうか? ・自分だけが満足するために,家族みんなに迷惑を掛けるところだった。買ってもらうのは止めよう ・本当に欲しかったのか,無理をしてでも買ってもらう物なのか,もう一度よく考えよう	・どんな決断をしたかではなく,決断の根拠を語らせる ・必要に応じて補助発問を活用して,仕方なく我慢しようとしているのではなく,金銭や物の活用についての新たな理解を基に,主体的に判断しようとしていることに気付かせる
終末	⑤問題について,自分なりの答えをもつ	必要か,必要でないかを,どのようにして決めていこうと考えていますか? 大事にしたい考えを今日の学習を基にまとめてみましょう。	・本時の問題とした「あなたの欲しい物は,必要か?」に対する答えと理由を書かせることも考えられる。その際は,自分自身で判断したことを認めるようにしたい

29

A-3 節度，節制

安全に気を付けることや，生活習慣の大切さについて理解し，自分の生活を見直し，節度を守り節制に心掛けること。

評価のためのキーワード
①物や金銭の望ましい活用（生活習慣の大切さ）への課題意識をもつ
②欲しい物が必ずしも必要な物ではない（物の値打ちは見方によって異なる）
③行き過ぎた欲求は自分だけでなく，周りにも大きな影響を与える
④欲望に流されない自らの判断に従って自らの生活を見直す

節度とは自らの行為に行き過ぎがないか，見極める判断ができる力です。行き過ぎによる影響を知り，自らの行為を点検できる視点をもつことが必要ですね。

道徳ノートの評価文例

👍 自分の喜びだけでなく，みんなのことを考えた生活を大切にしようとする前向きな気持ちがすてきです。

📢 家族の負たんの大きさや生活に役立つものかどうかにも見方を広げることができました。よりよい生き方を考えようとする意よくを感じました。

通知表 NG文例

● 今ある物を大切にせず，行き過ぎた要求をすると，周りの人に迷惑を掛けることを理解していました。

なぜ❓NG：一面的な価値理解ではなく，見方，考え方の多面的な広がりや深まりを見取り，評価すること。

● 生活習慣の大切さについて理解し，自分の生活を見直し，節度を守り節制に心掛けようとしていました。

なぜ❓NG：1時間の学習では，確認できないから。

通知表の評価文例

教材「流行おくれ」の学習では，自分の要求をかなえる満足感と，要求を押し通したことによる影響を比べて考えることを通して，自分が欲しい物は，自分本位で，行き過ぎた要求ではないのか，自分の生活を見直そうという意欲を高めていました。

教材「流行おくれ」の学習では，新しい物，よりよい物を求めようとする気持ちが自分にもあることを認めながら，それがよりよい生活につながるか，家庭へ過重な負担はないか，これまでの物や金銭の使い方に行き過ぎはないかなどの立場を変えた見方，考え方にも目を向けて，自分の考えを見直そうとしていました。

金銭や物のよりよい使い方や物の大切さについて考える中で，「自分と家族のバランスの中で，必要かどうかを考えることが大切だ」との見方を全体の前で発言しました。そこには，自分中心の喜びから，自分や周りのよりよい生活を優先しようとする深い考えがありました。

指導要録の評価文例

節度・節制の学習では，自らに行き過ぎがないか，自己点検するための具体的な見方に目を向け，多様な考えを取り入れて自分の考えを深めようとする姿が見られた。

「ただ我慢するだけでなく，周りとのバランスを考えて必要かどうかを判断する」と記述するなど，調和のある生活，行き過ぎのない生活の大切さへの理解を深めている。

対象学年 小学5年生

内容項目：A−4 個性の伸長

主題名

4 自分の特徴を見つめて

教材 感動したこと，それがぼくの作品〜パブロ・ピカソ

◉ 授業のねらい

　個性の伸長は，自分のよさを生かし，さらにそれを伸ばし，自分らしさを発揮しながら調和のとれた自己を形成していくことである。また，この内容における特徴とは，他者と比較して特に自分の目立つ点と捉え，長所だけでなく短所も含むものである。

　小学5・6年生のころは，自分自身の長所と短所の両面が見えてくるようになる。自分が気付いた長所に目を向けて現状を維持し，さらに長所を伸ばしていこうとする態度を育てることが大切であり，また同時に自分の短所をしっかり見極め，短所を改める努力を重ねつつ，自分自身を伸ばしていくことが大切である。

　本教材では，幼いころから絵を描くことが大好きだった主人公が，生涯をかけて自分の絵を描くことの長所を伸ばし，努力を重ね，生活が苦しくても非難の声を上げられても，人に描かされる作品ではなく，自分の感動したことを作品として描き続けた話である。自分の長所を生かし，生涯にわたって感動したことを描き続けた主人公の気持ちを考えることを通して，自分の特徴を知り，短所を改め長所を伸ばし，自己を高めようとする意欲や態度を培いたい。

◉ 授業づくりのポイント

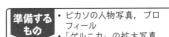
準備するもの
・ピカソの人物写真，プロフィール
・「ゲルニカ」の拡大写真

　導入では，これまでの自分を振り返り，自分の特徴のよさについて発表させる。また，中心発問では，グループトークを通して友達の考えと自分の考えを比べ，最初の自分の考えがどのように変わったかを発表し，その後の全体交流でグループでの特徴的な考えを全体に伝える。

◉ 本教材の評価のポイント

①児童の学習に関わる自己評価
　・自分の生き方を見つめる主人公の考え方に共感することができたか。
　・友達の多様な意見を聞き，自分の考えを深めることができたか。

②教師のための授業の振り返りの評価
　・主人公に共感させ，自分の特徴を伸ばしていくことの大切さを考えさせることができたか。
　・道徳的価値の自覚を深めるための発問や問い返しができたか。

実践例

挙手・発言
自分の体験を振り返り，その時の気持ちを考えている

挙手・発言
主人公に自我関与し，多面的・多角的に主人公を見つめ，主人公の心の変化を考えている

グループトーク・全体交流
友達の考えと自分の考えを比べ，最初の自分の考えがどのように変わったかを発表している。グループトークでの特徴的な考えをまとめて発表している

挙手・発言
自分のよさを伸ばしていくために努力を重ねることの大切さについて考えている

道徳ノート
この時間で考えたことや気付いたことを，これからの自分の生活に生かそうとしている

	学習活動	発問と予想される児童の反応	指導上の留意点
導入	①自分の体験を振り返る ・自分の好きなことや得意なことを続けてよかった経験を発表する	自分の好きなことや得意なことを続けてよかったと思う時は，どんな時ですか？ ・発表会で多くの人に聞いてもらえる時 ・大会でよい成績が残せた時 ・友達や家族に褒められた時	・これまでの自分の体験を振り返り，自分の長所を伸ばしてきたことに気付かせる
展開	②教材を読んで話し合う ・ピカソのプロフィールを知る	パブロ・ピカソは，スペインで生まれフランスで活動した画家です。ピカソの代表作「ゲルニカ」は，ほかの画家と画風が違いますね。では，ピカソはどんな人だったのでしょうか？ 教科書を読んで考えていきましょう。	・教材文に書かれている主人公のプロフィールを簡潔に説明し，学習への意欲をもたせる ・教材文を範読する
	・自分の生き方を見つめるピカソに共感する	金賞を取り，宮廷画家になることを勧められたのに，ピカソはどんな気持ちで「人に描かれる絵はもういやだ」と言ったのでしょうか？ ・美術学校で，美術の基本はもうしっかり勉強できている ・もっと自分の思う絵を自由に描きたい ・自分の好きなことだったら，それをとことん追求できると考えたんだと思う	・自分の生き方を見つめ，積極的に自分の長所を伸ばそうと決意した主人公の心の変化をおさえる
	・自分の長所に目を向け，自己を高めようとするピカソの考えについて話し合う ・4人程度のグループになり，考えを発表し合い，友達の考えと自分の考えを比べ，最初の自分の考えがどのように変わったかを発表し，その後，全体交流する	「ぼくにとって，感動したこと，それが作品なんだ」と言ったピカソはどんなことを考えていたのでしょうか？ ・世間や人に何を言われようと，描かされる絵ではなく，自分の気持ちを絵で表現したいと考えたと思う ・スタイルにこだわらず，感動したことを自分が納得するまで，とことん絵に表現するのが，自分らしさだと考えたと思う	・「ぼくにとって，感動したこと，それが作品なんだ」と言ったピカソに自我関与し，グループトークを通して友達の多様な考え方や感じ方に触れ自分の考えを深めさせる
	③さらに深く考える ・自分のよさを伸ばそうとするピカソの生き方を捉える	生涯，感動したことを作品にし続けたピカソについて，どう思いますか？ ・自分の感動した思いを作品にし続けた意欲や態度は素晴らしいと思う ・描かされる絵はいやだと言っても，それまでに美術の基礎をしっかり学んでいるから，自由に表現できたと思う	・「ピカソは，美術の基本をしっかり勉強してきた上で自分の描きたい絵を描こうとしたのですね。苦手な勉強もしたのではないのかな」と問い，短所も自分の特徴の一側面であり，それを課題として改善していく努力も必要であることに気付かせる
終末	④この授業で気付いたこと，これからの自分の生活にどう生かすのかをまとめる	今日考えたことや気付いたことを「道徳ノート」にまとめましょう。これからの自分の生活にどう生かすのかについても書きましょう。 ・ピアノの練習で上手く弾けなくなるとすぐに練習を止めてしまうので，気持ちを落ち着かせて練習に取り組んでいきたい ・毎日早朝マラソンをしています。時々寝坊して面倒だなとさぼってしまうので，生活習慣も直して頑張っていきたい	・他の人の意見を聞いたことで，今までの自分を振り返り，自分の考えが変わったことがあれば，それに気付かせる ・これからの生活につながるようにする

33

A-4 個性の伸長

自分の特徴を知って、短所を改め長所を伸ばすこと。

評価のためのキーワード
①自分らしい生活や生き方について考えを深める
②自分の特徴を知る
③自分の生き方を見つめ、自分の特徴を多面的・多角的に捉える
④自分の短所を改め、自分の気付いた長所を伸ばす態度を育てる

自分の特徴を多面的・多角的に捉え、短所を改め長所を伸ばしていくことは大切なことです。主人公は美術の基本を習得した上で、感動を作品にし続けたことにも気付かせたいものですね。

道徳ノートの評価文例

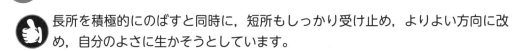
長所を積極的にのばすと同時に、短所もしっかり受け止め、よりよい方向に改め、自分のよさに生かそうとしています。

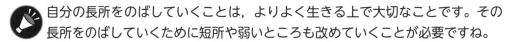
自分の長所をのばしていくことは、よりよく生きる上で大切なことです。その長所をのばしていくために短所や弱いところも改めていくことが必要ですね。

● 「個性の伸長」について考える学習を通して、運動会では応援団長としてみんなをまとめていました。

なぜ？NG：具体的な行為や行動だけを捉えているから。

通知表の評価文例

「自分の特徴を見つめて」を主題とした学習では，主人公に自分を投影し，自分の特徴を見つめていました。「道徳ノート」に「私も『ピカソ』のように基本をしっかり勉強し，自分の特徴のよさを積極的に伸ばしていきたいと思う」と自己を高めることの大切さを考えていました。

授業を通して自己を振り返り，「自分の気付いた長所を積極的に伸ばしながら短所にも目を向けて努力することで，長所を一層伸ばしていけるのではないか」と考え，自分の特徴を多面的に捉え，自分の特徴をよい方向へ伸ばしていこうとする意識を高めました。

「自分の特徴を見つめて」を主題とした学習では，「感動したこと，それが作品なんだ」と言ったピカソの考えについてグループトークを行い，自分の体験を交えて自分の考えを発表するとともに，友達の多様な考えを聞き，自分の考えを深めることができていました。

指導要録の評価文例

ねらいとする道徳的価値を自分事として振り返り，一面的な見方から多面的な見方に広げ，深めていくことができるようになった。

ねらいとする道徳的価値について，自分の現状を理解し，今後の思いや課題を明らかにできるようになった。

対象学年 **小学5年生**

内容項目：A－5　希望と勇気，努力と強い意志

主題名

5 夢に向かって前向きに

教材　ベートーベン

授業のねらい

　本授業のねらいを，「ネーフェ先生の言葉と，それによって希望をもち直したベートーベンの生き方を手掛かりにして，夢や希望をもって生きることについての考えを深め，前向きに生活しようとする意欲を高める」とした。師匠であるネーフェ先生が教材文中のような言葉を掛けたのかどうかは明らかでないが，ベートーベンの苦悩に寄り添って彼を励まし，的確な助言によってその才能を開花させたことは間違いないだろう。ここでは，「田園」から感じ取れる生の肯定を土台として，ベートーベンを導いたネーフェ先生の温かな言葉に込められた思いを想像させることを通じて，夢や希望をもって生きることについて考えさせたい。

授業づくりのポイント

準備するもの
・心情円
・「田園」の音源

　ネーフェ先生の言葉は，ベートーベンのように辛さや悲しさを抱える人々に対して，考え方を変えさせたり，前向きにさせたりする力をもつものである。ただし，前向きな気持ちがその辛さや悲しさをすべてなくすわけではない。そのことを視覚的に捉えさせるために，心情円を活用する。辛いばかりでもなければ楽しいばかりでもない人生を送る中で，辛い時間の先に楽しさや喜びを見いだすために，個人としてできることについて自分なりの考えをもたせたい。

本教材の評価のポイント

①児童の学習に関わる自己評価
  ・当時のベートーベンが抱えていた辛さや悲しみに共感しているか。
  ・ネーフェ先生がベートーベンに伝えたかったことについて，児童自身の経験を手掛かりに考えているか。

②教師のための授業の振り返りの評価
  ・ネーフェ先生の言葉の意味を考えさせる際の児童への言葉掛けは適切であったか。
  ・自他にとっての夢や希望をもつことの道徳的価値についての理解を深められたか。

実践例

左側の注記（吹き出し）:

発言, 心情円
ベートーベンに自己を投影させて, 自分の思いを表現している

グループトーク・発表
ネーフェ先生の助言の意味について, 自身の生活経験に基づいて考えている

話し合い・発表
夢や希望をもつことの道徳的価値について, 多角的に考えている

道徳ノート・発表
この時間で考えたことや気付いたことに基づいて, これまでの生活を振り返ったり, これからの生活に生かそうとしたりしている

	学習活動	発問と予想される児童の反応	指導上の留意点
導入	①問題への関心を高める ・「田園」を実際に試聴させることで, 教材への関心を高めるとともに, ベートーベンが愛し, 表現しようとした田園の風景を感じ取らせる	今から流す曲を知っていますか？ 作曲したのは誰でしょうか？ ・分からない！ ・日本人ではないと思う 今日は,「田園」を作曲したベートーベンの話を読みます。	・中心発問に向けて, 試聴した印象も尋ねておく ・ベートーベンについて簡単に紹介する ・中学校の音楽科で鑑賞するかもしれないことを伝える
展開	②教材を読んで話し合う ・自分がベートーベンだったらどう思うかを考えさせ, 共感を促す ・心情円を使い, ポジティブな気持ちとネガティブな気持ちの割合を表現させる ・グループになって, 自分たちの生活に引きつけて考えさせる	14歳のベートーベンはどんな生活を送っていましたか？ そして, そんな生活をどう思っていましたか？ ・家族のために仕事を掛け持ちしていた ・ネーフェ先生からピアノと作曲のレッスンを受けていた ・先生に才能を認められてうれしい, でも生活をするのに精一杯で作曲ができない ・レッスンの時間は, 楽しい息抜き 「つらさだけにとらわれていてはいけない。心がほかのすばらしいことに気づかなくなるから」とはどういうことでしょうか？ そういう経験をしたことはありますか？ ・辛いことばかり考えていると, 何かに感動できなくなったり, 楽しいことも楽しくなくなる ・試合に負けた時はガッカリするけど, それで終わらずに, 何がよくなかったのかをしっかり振り返ると上達できる ・遊園地ではしゃぎ過ぎて叱られて, その後に乗ったアトラクションは楽しくなかった。はしゃぎ過ぎたのは反省するけど	「ベートーベンの心は, また重くしずんでいました。」まで読む ・ポジティブなことや思いと, ネガティブなことや思いを対比的に板書する ・ベートーベンにとって先生とのレッスンはどんな時間なのかも問う ・「ドアを開けたとたん」から最後まで読む ・ネーフェ先生の発言を短冊にして掲示する ・ベートーベンのような創造性の発揮に関わる生活経験は出にくいと考えられるが, 前向きな気持ちをもつことのよさを想起させる ・必要に応じて, 教師自身の経験も話す
展開	③夢や希望についての考えを深める ・一人一人が夢や希望をもって生きることの意味や影響について考えさせる ・最後に心情円を使い,「そうだ。いつか, あの美しい森の風景を音楽にしよう」と思った時の気持ちを表現させる	その言葉には, ベートーベンに対するどのような思いが込められていたのでしょうか？ ・ベートーベンの才能がダメになり, 彼自身の夢も実現できなくなってほしくない ・ベートーベンが将来生み出すだろう素晴らしい音楽を, 自分も聴いてみたい ・ベートーベン自身のように辛さや悲しさを抱える他の多くの人たちにも, 美しい音楽を作り出すことで元気や希望を与えてほしい	・ベートーベンの心を軽くし, 希望をもたせた先生の言葉に込められた思いについて考えさせる ・ベートーベンの才能が開花しないと, 彼自身や他の人はどうなるのかを考えさせる ・音楽のもつ力について, 導入で「田園」を試聴した時の気持ちを思い出させながら考えさせる
終末	④この授業で気付いたこと, これからにどう生かすのかをまとめる	今日の授業を通して考えたこと, またベートーベンの生き方やネーフェ先生の言葉から学んだことについて,「道徳ノート」に書いてみましょう。 ・今はまだサッカーがうまくないけれど, できないことをくよくよしないで, プロの選手のプレーを見て憧れをもとうと思う ・辛いことや悲しいことばかり考えている人がいたら,「大丈夫だよ」と声を掛けられるようになりたい	・児童が書いている間, 再度「田園」を流す ・ネーフェ先生が実際に教材中の言葉を掛けたかどうかは明らかでないが, ベートーベンは自身の才能を開花させてくれたネーフェ先生にとても感謝していたことを伝える

37

A-5 希望と勇気，努力と強い意志

より高い目標を立て，希望と勇気をもち，困難があってもくじけずに努力して物事をやり抜くこと。

評価のためのキーワード
①目標をもち続ける
②希望を抱く
③困難の中でも努力する
④挑戦する勇気

現実を変え，人生を変えるための第一歩は何か。ベートーベンとネーフェ先生の対話から，夢や希望をもつことや前向きな姿勢の大切さを感じられるようにしましょう。

道徳ノートの評価文例

👍 ベートーベンに対するネーフェ先生の思いがよく考えられています。くよくよしすぎないことは大事ですね。

📢 うまくいかない時はもうダメと思いがちですよね。前向きにピアノをがんばった成果，今度聞かせてください。

通知表 NG 文例

● 夢や希望について考えた授業では，偉人の生き方を手掛かりに，くよくよしない態度を強化しました。

なぜ❓NG：態度の変化は道徳の授業では把握できないから。

● ベートーベンを取り上げた授業では，ネーフェ先生のおかげで作曲家になれたことを喜んでいました。

なぜ❓NG：道徳科に特有の学習状況や道徳性に係る成長の様子が一切記されていないから。

通知表の評価文例

教材中の登場人物に共感しながら，自分の生き方について考えを深めています。特に，ベートーベンを取り上げた授業では，子供のころのベートーベンの苦労に同情しながら，いやなことばかり考えずにいる方がよいと実感していました。

他者の生き方を手掛かりにして，よりよく生きようとする意欲を示していました。特に，ベートーベンを取り扱った授業では，師であるネーフェ先生の助言を信じたことが彼の大成につながったと考え，自分もくよくよし過ぎないようにしたいと述べていました。

自分を教材中の登場人物と重ねながら自己を見つめ，道徳的な課題を明確にしていました。とりわけ，ベートーベンについて考えた授業では，自身の経験からも，うまくいかない時に悩むのは皆同じだと気付き，前向きになることのよさを確認していました。

指導要録の評価文例

他者の生き方について共感や同情をしながら，とりわけ希望をもつことや努力することについての考えを深めていた。

自分と他者を重ね合わせることで自己を見つめ，特に逆境にあっても前向きに努力することに，よさを見いだしていた。

対象学年	内容項目：A-6 **真理の探究**
小学5年生	主題名

6 よりよいものを追い求める心

教材 ペンギンは水の中を飛ぶ鳥だ

授業のねらい

　日々新しい技術や製品がもたらされる時代にあっては，豊かさ，便利さを享受することに慣れてしまい，ともすると，物事への興味・関心が薄れ，自分の意志や判断に基づいて探究することを敬遠する傾向が見られることもある。人間としてよりよく生きていくために，また，将来の夢や理想を実現するために，真理を大切にしながら積極的に新しいものを求め，生活を工夫していこうとする心を育てることが大切である。

　本教材では，旭山動物園に勤務する坂東元さん（2009年より同園長）が夢の実現に向かってひたむきに情熱を注ぎ，よりよいものを追い求め続けた生き方から，物事を探究しようとする心について，そのよさや大切さ，実現することの難しさなどを多面的・多角的に考えさせ，物事を探究しようとする意欲を育みたい。

授業づくりのポイント

　本時のねらいとする内容項目はあくまで「真理の探究」であるが，本教材からも「希望と勇気，努力と強い意志」との関わりが強いことから，目標の達成を目指して希望と勇気をもち，困難があってもくじけずに努力しようとする心についても意図して触れ，ねらいとする道徳的価値について多面的・多角的に理解させたい。

　また，授業を進めるに当たっては，児童一人一人がじっくりと考え，自分の考えをもって主体的に授業に参加できるように，発問の後には，すぐに指名したり交流などの活動を始めたりせず，少しの間，待つようにする。

本教材の評価のポイント

①**児童の学習に関わる自己評価**
　　・自分の考えをもち，友達の考えと自分の考えを比べたり，新たなことに気付いていたか。
　　・今までの自分の生活を振り返ったり，これからの自分の生き方について考えていたか。
②**教師のための授業の振り返りの評価**
　　・物事を探究しようとする心のよさや大切さ，実現することの難しさなどを考えさせたか。
　　・これまでの自分の経験やそのときの感じ方・考え方と照らし合わせて考えさせたか。

実践例

発言・反応
問題意識をもち，自分との関わりで捉え，考えようとしている

		学習活動	発問と予想される児童の反応	指導上の留意点
	導入	①ねらいとする道徳的価値に関わるアンケート結果を知る ・アンケート結果を見て，自分たちの生活の中で疑問や興味のあること，または，それらをもたないことがあることを知る	生活の中で，分からないことに興味をもったり，こんなこと（もの）ができたら（あったら）いいなと思ったりすることはありますか？ それは，どのようなこと（もの）ですか？ ・どうして天気予報は具体的な気温まで分かるのか ・太陽の光と同じ光を人工的につくることはできるのか ・特にない	・日常生活での疑問点等について事前にアンケートを実施し，意見をまとめたものを提示する（「特にない」と回答した意見も含めて提示する） ・ねらいとする道徳的価値への問題意識を高めさせ，自分との関わりで考えようとする気構えをつくらせる

交流・挙手・発言・聞く様子
探究することの難しさを自分事として捉え，考えようとしている

交流・挙手・発言・聞く様子
坂東さんを自分に置き換えて，探究しようとする心や，探究し続けることの難しさについて考えている。「希望と勇気，努力と強い意志」「勤労，公共の精神」などの道徳的価値と関連付けながら，多面的・多角的に考えている

		学習活動	発問と予想される児童の反応	指導上の留意点
	展開	②教材「ペンギンは水の中を飛ぶ鳥だ」を読んで話し合う ・ペアで意見を交流し，その後，全体で話し合う （発問した後には，一人一人がじっくりと考えられるように少しの間待ってから，ペアで意見を交流させ，その後，全体で意見を共有しながら話し合わせる ・ペアで意見を交流し，その後，全体で話し合う （発問した後には，一人一人がじっくりと考えられるように少しの間待ってから，ペアで意見を交流させ，その後，全体で意見を共有しながら話し合わせる） ・3，4人のグループで意見を交流し，その後，全体で話し合う （発問した後には，一人一人がじっくりと考えられるように少しの間待ってから，グループで意見を交流させ（まとめずに），その後，全体で意見を共有しながら話し合わせる	前例のない困難な工事を進める中で，次から次へと出てくる問題を前にした工事に携わる人たちは，どのような気持ちだったのでしょうか？ ・アクリル板の水中トンネルなんてつくることができない ・どうして坂東さんは，ここまでこだわるのだろう ・力にはなりたいけれど，本当に完成するのだろうか 坂東さんが，諦めることなく夢を追い求めることができたのは，どのような思いからでしょうか？ ・ペンギンの真の姿である，「水の中を飛ぶ」姿を見せたい ・ありのままの動物の姿が見られる夢の動物園をつくりたい 大空を飛ぶように泳ぐペンギンを見たお客さんの言葉を聞き，坂東さんは，どのようなことを考えたでしょうか？ ・ありのままの動物の姿を追い求めてきたから，夢の動物園をつくることができた ・ペンギン本来の姿を知ってもらえてよかった ・本当の姿を知ってもらうことは大切だ	・臨場感をもって語るように読み聞かせ，坂東さんの思いに着目させながら聞かせる（教材提示） ・以下，中心発問まで，工事業者や坂東さんに自我関与させ，自分との関わりで考えさせる ・探究し続けることの難しさを考えさせるために，問題点を簡潔に確認して提示する ・探究しようとする心に焦点化して考えさせる ・物事を探究することとともに，その心の根源や探究し続けることの難しさを多面的・多角的に考えさせる ・自らのアイディアを大切にして夢を追い求めること（＝探究すること）のよさについて考えさせる ・困難を乗り越えながらも，探究し続けることの大切さを実感させる

交流・挙手・発言・聞く様子
坂東さんを自分に置き換えて，探究することのよさについて具体的に考えている

道徳ノート・挙手・発言
探究することについての具体的な理解を基に，自己を見つめ，探究することについての自覚を深めている。自己の生き方についての考えを深めている。自分と違う意見を理解しようとしている

		学習活動	発問と予想される児童の反応	指導上の留意点
	終末	③自己の生活や経験を振り返り，これからの自分について考える ・じっくりと自分との関わりで物事を探究していくことについて考え，自分自身を見つめ，考えたことを「道徳ノート」に記入する （一人一人が道徳的価値の理解を自分との関わりで捉え，自分の経験やその時の感じ方，考え方と照らし合わせながら，さらに考えを深められるようにする）	これまでに，興味をもったことや解決したいことを，自分で考えて追い求めたことはありますか？ その時のことを，今，どのように思いますか？ ・どうして天気予報は具体的な気温まで分かるのか気になったことはあるが，自分で調べようとはしなかった。自分が納得のいくまで調べてみると，満足できたり，他にも役立つことがあると思うので，できることから挑戦したい ・これまであまり興味をもつものがなかった。坂東さんのようにすごいことはできないけれど，自分の好きな野球で速い球を投げられるようにするためにはどうしたらよいのか，じっくり考えて，いろいろなことを試してみたい	・自分事として考えられるようにするために導入でのアンケート結果を再度提示する ・小さなことでも，自らのアイディアを大切にして探究していくことについて，自分の経験やその時の感じ方，考え方と照らし合わせて考えさせる ・ねらいとする道徳的価値について改めて理解を図るとともに，自己理解を深めさせる ・発問したような経験がない場合にも，その時の自分の感じ方や考え方を振り返りながら，自分を見つめさせる

41

A-6 真理の探究

真理を大切にし，物事を探究しようとする心をもつこと。

評価のためのキーワード
①探究して夢を実現させる生き方への理解
②自らのアイディアを大切にする
③「希望と勇気，努力と強い意志」と関連付ける
④自己の経験や生活を振り返る

探究心を育てることは，将来の夢や理想を実現する原動力になります。児童が日常の中で好奇心や興味を大切にしていけるよう，探求することの意義や大切さについての理解を深めさせたいですね。

道徳ノートの評価文例

👍 授業で考えたことを生かして，自分でもやってみようと思えることはとても素晴らしいことですね。

📢 興味をもつことがないこともありますね。たとえ小さなことでも自分の気付きを大切にしていってください。

通知表 NG文例

● 自分に自信をもって登場人物の思いを考え，探究することの大切さを理解することができました。

なぜ❓NG：道徳的価値の理解は評価の対象ではないから。

● 登場人物の行動を手本にして自分も頑張ろうと決意する姿が見られ，道徳的実践意欲が高まりました。

なぜ❓NG：実践意欲が高まったかは評価の対象ではないから。

通知表のNG評価文例

いつでも友達の考えに真剣に耳を傾け,自分の考えと比較して,さらに考えを深めています。「真理の探究」の授業では,困難を乗り越えて探究し続けることの難しさについて考える中で,友達の意見を聞いて,改めてその難しさを感じている様子が見られました。

自分の経験と照らし合わせることで,登場人物の心情や考え方についての考えを深めています。「真理の探究」の授業では,困難に直面しながらも探究し続けた登場人物の思いについて,自分の経験を基にして考え,その高尚さを自分のこととして受け止める姿が見られました。

友達との話し合いを通してさまざまな考え方に触れ,自分の考えを広げるとともに,自分の生活や生き方についてもよく考えました。「真理の探究」の授業では,自分が興味をもったことを探求することのよさを感じ,自らも実践してみようとする思いをもちました。

指導要録の評価文例

自分の考えを明確にもち,友達の考えと比較しながら考えることで,自分の考えを広げたり深めたりした。

教材の登場人物を自分に置き換えて具体的に考える様子が見られるなど,自分自身との関わりで考えていた。

対象学年	内容項目：B-7 親切，思いやり
小学5年生	主題名

7 親切のよさ

教材 くずれ落ちただんボール箱

授業のねらい

　親切とは，困っている相手の気持ちや立場を自分のことのように推し量り，その思いやりの心が行為となって表れることである。しかし，思いやりの心をもっているが，助けられる自信がなかったり，以前に親切にした結果がうまくいかずにネガティブな考えになったりして，親切にできないこともある。本教材では，ショッピングセンターで困っているおばあさんに親切にした「わたし」と友子が，店の人に誤解されて怒られてしまい，親切にしたことを後悔する場面がある。後におばあさんからお礼を言われるが，すっきりしない心境である。しかし，2週間後に朝会で店の人からの謝罪の手紙の内容を聞き，2人の心は明るくなる。本授業は，親切にするよさについて考えることを通して，ネガティブな感情に負けずに，進んで親切にしようとする意欲と態度を育てることをねらいとしている。

授業づくりのポイント

準備するもの
・挿絵（掲示物）
・登場人物のイラスト

　本教材の主人公は相手を思いやり親切にすることができている。しかし，その行為が誤解を生み，周りに理解されなかったため，親切にすることに対して後ろ向きになる。従って，人に親切にすることに対してネガティブな感情をもってしまったが，それを克服できるくらいの親切な行為の意義やよさを考えさせるように授業を構成する。中心発問の中で，手紙の内容（誤解の謝罪・親切への感銘）や校長先生の言葉，おばあさんのお礼に注目させる補助発問をすることで，親切の意義やよさを多面的・多角的に考えられるようにする。

本教材の評価のポイント

①**児童の学習に関わる自己評価**

・親切にすることができない人間の弱さを理解し，問題意識をもって学習に取り組んでいるか。

・親切の意義やよさについて考え，前向きに進んで親切にする実践意欲を高めているか。

②**教師のための授業の振り返りの評価**

・話し合い活動を通して，親切の意義やよさについて多面的・多角的に考えさせることができているか。

実践例

	学習活動	発問と予想される児童の反応	指導上の留意点
導入	①問題を把握する ・困っている人が目の前にいる時に，迷ってしまう状況について話し合う	117ページのとびらのページを見ましょう。なぜ，助けることを迷っているのでしょうか？ ・周りに人がいるから，自分が助けなくてもいいかなと思っている ・知らない人だから，声を掛けにくい 迷わず，親切にするにはどのような思いをもつといいのでしょうか？	・教科書 p.117 のとびらのページを見て，困っている人が目の前にいるにもかかわらず，すぐに親切にできない理由について話し合うことで，迷わずに親切にするための心構えは何かという問題を把握する
展開	②教材を読んで話し合う ・自分の意見がまとまったら，隣の人とペアトークをする。そして，発表する ・自分の意見を「道徳ノート」にまとめる ・グループや全体の話し合いの中で，自分の考えが変容したことや付け足したいことを色を変えて記入する	「わたし」はどんな考えから，おばあさんを助けようとしたのでしょうか？ ・おばあさんが困っている ・早く追いかけないと男の子が迷子になってしまう ・周りの人は誰も手伝わないから，私たちが手伝わないといけない 「いいえ，いいんです……。」と答えたとき，「わたし」はどんなことを考えていたでしょうか？ ・無事に男の子を見つけられてよかった ・お店の人に怒られたことは，言わないでおこう。おばあさんが責任を感じてしまう ・お礼は言ってもらえたけど，すっきりしないな 手紙の内容を聞いた後，「わたし」はどんなことを考えていたでしょうか？ ・お店の人に分かってもらえてよかった ・親切にすることは，誰にとっても気持ちがいいものなんだな ・勘違いして怒られたけど，自分たちがしたことは間違っていなかった もし，お店の人に誤解されたままだったら，ずっとすっきりしないのでしょうか？ ・おばあさんにもお礼を言ってもらって，男の子も無事だったから，親切にしてよかったと思えるはず ・親切は困っている人のためにするのだから，誤解されても気にしなかった ・正しいことをしているので，お店の人にはっきりと事情を話せばよかった	・全文を通読する ・主人公を紹介し，挿絵で内容を整理する ・困っている人を目の前にして，少し悩んだが助けようとした「わたし」の心情を考えさせる ・おばあさんにお礼を言ってもらったが，親切にしたことでお店の人に怒られた腹立たしさもあり，素直に喜べない気持ちに共感できるようにする ・お店の人の誤解も解け，校長先生にも褒められて，うれしい気持ちになっていることに気付くようにする ・お店の人の心情についても扱い，謝罪だけでなく，親切な行動に感心したことにも気付かせる ・「お店の人に誤解されたままだとすっきりしないのか」という補助発問をすることで，親切にしてもすっきりとしない問題に対して，多面的・多角的に考え，ねらいに迫れるようにする
終末	③授業を振り返り，親切にするときに大切なことについて考える	とびらのページを見て，どのような思いを強くもつと，困っている人を助けることができますか？ 今日の学習で学んだことを生かして「道徳ノート」に書きましょう。 ・親切にすることは間違っていないので，自信をもって助ける ・周りの人にどう思われても，困っている人を助ける	・導入時に考えた親切にできない理由をどう克服するかを考えることで，自分の親切心を信じて行動していこうとする意欲と態度につなげるようにする

挙手・発言
自分の体験を発言したり，友達の発言に興味をもって聞いている

ペアトーク・発表
友達の意見をよく聞いて，発表している

道徳ノート・挙手・発言
話し合いを通して，親切にすることのよさを多面的・多角的に考えている

道徳ノート
本授業のねらいとする道徳的価値の理解を基に，親切にするときに大切にする思いについて考えている

B-7 親切, 思いやり

誰に対しても思いやりの心をもち, 相手の立場に立って親切にすること。

評価のためのキーワード
①相手の立場に立って考える
②誰に対しても親切にする
③人は助け合いながら生きている
④思いやりの心が満ちると親切な行為へとつながる

思いやりの心があるにもかかわらず, 親切にできないことがあります。後ろ向きな考えに負けずに, 親切な行為へとつながる強い心とはどのような思いなのか, 考え続けている姿を評価しましょう。

道徳ノートの評価文例

👍 自分だったらと考えることで, 相手の気持ちを理解できると気付きました。相手の気持ちが分かると自信をもって行動できますね。

📣 親切な行いはだれもが幸せな気持ちになるという信念のもと, それを実行しようとする姿は素晴らしいです。

通知表 NG文例

● 「親切のよさ」について考える学習を通して, 相手を思いやる道徳的な心情が育ってきました。

なぜ❓NG: 道徳的心情が授業だけで育ったか判断できない。

● 困っている友達を見ると, すぐに駆け寄り自分ができることを考えて親切にすることができています。

なぜ❓NG: 道徳科の授業の学習状況ではないから。

▶通知表の評価文例

教材「くずれ落ちただんボール箱」の学習では，相手の気持ちや考えが分かると自信をもって親切にできることを発表していました。また，そのためにも相手の立場や置かれている状況を，自分に置き換えて考えることが大切だと説明することができました。

教材「くずれ落ちただんボール箱」の学習では，親切にする難しさを理解し，問題意識をもって学習に取り組むことができていました。親切な行為は相手だけでなく周りの人も幸せな気持ちになることを信じて，誰にでも自信をもって親切にするという答えを見つけていました。

教材「くずれ落ちただんボール箱」の学習では，自分もたくさんの人に助けられていることに気付き，親切にすることは見返りを求めたり，認めてもらったりするためでなく，みんなが幸せに生きていくためには当たり前のことなのだと，親切にするよさを理解することができました。

▶指導要録の評価文例

教材を自分事として捉え，道徳的な行為をすることが難しい人間の弱さを理解し，常に問題意識をもって学習に取り組むことができた。

価値観は一人一人違うことを前提に話し合いに臨み，相手が大切に思っていることは何か，自分が大切に思っていることは何かをいつも意識しながら話し合うことができている。

対象学年 小学6年生

内容項目：B-8 感謝

主題名

8 感謝

教材 土石流の中で救われた命

授業のねらい

「感謝」の念をもって生きることは，幸福な人生を歩む上で不可欠な要素であろう。その対極にある生き方を想像されたい。誰にも，何事にも「感謝」することのない人生。そのような「感謝」の空白地帯となった心象風景に入り込むのは，孤独，憎悪，不満であったりするだろう。

しかしながら難しいのは，表層的に「感謝」を強調することが，ときに，よりよい人生・よりよい社会に向けて，現状を変えて行こうとする義憤や公憤を曇らせることにもなりかねない点である。社会的不正に立ち向かおうとしている人物に対して，「不平ばかり言っていないで，感謝して生きなさい」といったもっともらしいお説教をして，変革の芽を握りつぶすような行為は，厳に慎むべきであろう。そうではない「感謝」の語りはいかにして可能になるのか。それは教材でも示唆されているように，命を与えられ，支えられ，今もここに在ることへの，根源的な「感謝」の眼差しではないだろうか。「ありがとう」のありがたさに思いを馳せる機会となることをねらいとしたい。

授業づくりのポイント

準備するもの ・生後3カ月の赤ん坊の様子を示す写真等

「感謝」は児童にとって身近な事項であると言える。しかしながら，これまで自分が「感謝」を，いったいどのような思いを込めて，どのような言葉で伝えてきたのか，一度じっくり考えてみることで，「感謝」とともに生きていること自体の尊さに気付くことにつながっていく面があるかもしれない。

本教材の評価のポイント

①児童の学習に関わる自己評価

・自分の命や生活が，誰のどのような助けに支えられているか，考えることができたか。

・「感謝」とはどのようなものかについて，自分なりに考えを深めることができたか。

②教師のための授業の振り返りの評価

・児童の生活に根ざしつつ，「感謝」について改めて考えてみる時間となったか。

・児童が「感謝」とともに生きる道筋を築く上で，何かしらの助けとなったか。

実践例

連想
その子なりに「感謝」についての連想を膨らませつつ、他者の意見に耳を傾けている

受容・応答
本文から受けとめた事象を契機として、さまざまな思いを巡らせている

討議
本文の記述を手掛かりにしつつ、人は何に感謝し、また、感謝して生きることにおいて、どのように人生が変わっていくか、議論を通して探っている

気付き
「感謝」という事項に関して、どんな意味や価値を見いだしたか

道徳ノート
「感謝」という事項を軸に考えを巡らすことにおいて、その児童なりの思いの深まりの過程が見受けられる

	学習活動	発問と予想される児童の反応	指導上の留意点
導入	①テーマについて思いを馳せる ・「感謝」について連想を膨らませる	最近、誰に、どんなことで感謝しましたか？ ・大好きなカレーを作ってくれるお母さん ・掃除を手伝ってくれたクラスの仲間 ・おいしいご飯になるお米 普段からいろいろなことに感謝しているけれど、いったい私たちはどんな時に、何に対して、感謝しているのでしょう。それはなぜでしょう。改めてみんなで考えてみましょう。	・日常の中で感謝したことについて、自由に思いつくことを語り合う
展開	②教材を読んで話し合う ・生後3カ月の赤ちゃんの様子等、写真で示す	「土石流の中で救われた命」では、誰の何に対する、どのような感謝が描かれているでしょうか？ ・警察官（有村さん、前田さん）が命を懸けて助けてくれたことへの、乗客の感謝 ・久保田さんは、雨の中で恵子ちゃんをパトカーに乗せてくれた気遣いを、有村さんに感謝している	・全文を通読する ・本文では、極限的な状況の中で命が守られたという、かなり衝撃的な出来事が取り上げられている ・このことを、児童の平穏な日常生活に関しての感謝へとつなげるには、何かしらの工夫が必要とされる。
展開	③久保田さんの感謝の深さを出来事全体から考える ・状況に応じて、グループないし全体での討議	なぜ久保田さんは、「八月六日はわたしと恵子の二回めの誕生日」と育児日記につづったのでしょうか？ ・すごくうれしかったから。 ・土石流の中で命を落としてしまっても不思議でないような状況の中でも、なんとか生きて帰ることができたことを、一度死んで、もう一度生まれ変わったようなくらいにありがたいことと感じているから ・誕生日のように、毎年思い出し、心に刻みたいと思うほど、有村さんへの感謝を感じていたから	・例えば、マザー・テレサの言葉はヒントになる「Not all of us can do great things. But we can do small things with great love.（私たち全員が偉大なことを出来るわけではない。けれど、小さなことを偉大な愛でもって行うことはできる）」 ・たとえ児童が、久保田さんが有村さんたちから受けたような「偉大なこと」に助けられた経験自体を必ずしももたなくとも、「小さなことを偉大な愛でもって行う」身の周りの人々への感謝を感じることはできるのではないか
展開	④授業を振り返り、感謝の意味を考える ・互いの声を受け止め合い、考えを交流させる	一生忘れまいと思い、毎年思い出して記念にしたいと思うほど、心の底から感謝することとは、どんなことでしょうか？ ・命を授かってこの世に生まれてきたということ。今も生かされているということ ・家族に世話をしてもらい、先生やみんなと掃除する清潔な教室で勉強して、毎日食べるご飯で元気に過ごしているということ全部 ・「もう死んじゃうかも」っていうくらいピンチの時に、勇気をもって優しく支えてくれた人がいるということ	・「小さなこと」は、実は「偉大なこと」に劣らず私たちの命や暮らしを支えているとも言える
終末	⑤テーマについて、自分なりの思いを表現する。あるいは表現につなげる	「感謝」について考えたことを、「道徳ノート」に書いてみましょう。	・命を与えられて今があること、支えられて生きていること、といった感謝の念が、自分も誰かに何かを与えられる人になりたい、との思いにつながることがあるならば素晴らしい

49

B-8 感謝

日々の生活が家族や過去からの多くの人々の支え合いや助け合いで成り立っていることに感謝し、それに応えること。

評価のためのキーワード
①感謝という事項への関心
②感謝という事項を手掛かりに、自分の生活を見直してみる視点
③自分を支えてくれた人、支えてくれている人への気持ち
④助け合って生きることの尊さ

一生に一度あるかないかの大きなことから、毎日の小さなことまで、私たちの暮らしは「ありがたい」ことで成り立っています。

道徳ノートの評価文例

👍 自分に命をつないでくれたお父さん、お母さん、おじいさん、おばあさんへの感謝の気持ちが伝わってきました。

📣 自分も有村さんのように、だれかのために行動できる人物になりたいという気持ち、すばらしいと思います。

- ●「感謝」の授業では、感謝の念を深めていました。
  - なぜ❓NG：何をもって「感謝の念を深めて」いたと見なしたのかについての記述が希薄であるため。

- ●「感謝」の授業では、感謝の大切さに気付きました。
  - なぜ❓NG：学びを通して児童の中で「感謝の大切さ」がどのように変容したのかについて、より詳しい記述のあることが望ましい。

通知表の評価文例

教材「土石流の中で救われた命」では，生後３カ月の赤ちゃんを抱えているお母さんをパトカーに乗せて雨宿りさせてあげた警察官の気遣いに価値を見いだし，困っている人に自分から声を掛けられるような人間になりたいと「道徳ノート」に記していました。

教材「土石流の中で救われた命」では，一見平穏に見える私たちの日常生活の背後には，実のところ多くの人々による多大な支えと協力があってのことであるということに気付いた様子が，授業中の発言や「道徳ノート」の記述から伝わってきました。

教材「土石流の中で救われた命」では，自分の生活があるのは，命を与えられたからこそであるとの発言がありました。「道徳ノート」には，この世に生を受けて今があることの尊さを感謝して過ごしていきたい，といった趣旨の記述が見受けられました。

指導要録の評価文例

「感謝」の授業では，日常生活の背後に多くの人々の支えがあることに気付いたと記述していた。

「感謝」の授業では，支えられて生きているので，自分も誰かの支えになりたいと述べていた。

対象学年 小学5年生
内容項目：B-9 礼儀
主題名

9 相手を考えた礼儀

教材 オーストラリアで学んだこと

 授業のねらい

　礼儀は相手の人格を尊重し，相手に対して敬愛する気持ちを具体的に示すことであり，礼儀正しい行為をすることによって，自分も相手も気持ちよく過ごせるようになる。5年生の児童は，行動範囲の広がりとともに，さまざまな人との関わりも増えてくることから，礼儀作法のよさや意義を正しく理解し，時と場に応じて，適切な言動ができるようになることが求められる。しかし，知識としては理解できていても，恥ずかしさなどもあり，時として心のこもった挨拶や言葉遣いが行為として表せないこともある。礼儀作法の形に込められた相手を尊重する気持ちを，児童自身の体験などを通して考えさせ，その大切さを自分との関わりで考えさせたい。

　本教材は，シドニーの日本人学校の5年生の作文を基にしたものである。シドニーの街角で，見知らぬ女の人に挨拶をされて驚き，挨拶を返せなかった「わたし」が，次の日にその女の人に自分から挨拶できたという話である。相手の立場や気持ちを考えた礼儀について多面的・多角的に考えられるようにしたい。

 授業づくりのポイント

　相手の立場や気持ちを考えた礼儀の大切さを多様に考えられるよう，中心発問においてペアトークをした後，全体での話し合いに入る。そして，振り返りの場面で導入で挙げた礼儀正しい行為を想起し，礼儀を意識した自身の行動を振り返らせ，礼儀を視点に自己の生き方への考えを深められるようにする。

 本教材の評価のポイント

①児童の学習に関わる自己評価
　・「わたし」に自我関与しながら，相手のことを考えた礼儀の大切さについて考えているか。
　・礼儀の大切さについて，今までの経験を基に考えを深めているか。

②教師のための授業の振り返りの評価
　・相手の立場や気持ちを考えた礼儀の大切さを，自分との関わりで考えさせられたか。
　・相手の立場や気持ちを考えた礼儀について，多面的・多角的に考えさせられたか。

実践例

		学習活動	発問と予想される児童の反応	指導上の留意点
挙手・発言 普段の生活の中から，礼儀作法について振り返りながら発言したり，友達の考えを聞いたりしている	導入	①身の回りにある礼儀作法について発表し合う	みなさんは「礼儀正しい」行動と聞いて，どんなことを思い浮かべますか？ ・しっかりと挨拶すること ・丁寧な言葉遣いをすること ・目上の人には敬語を使うこと ・食事のマナーを守ること 今日はみんなで，礼儀作法の一つである挨拶を通して，礼儀正しくすることの大切さについて，深く考えていきましょう。	・身の周りの正しい礼儀作法について想起させ，ねらいとする価値への方向付けをする
挙手・発言 「わたし」に自我関与して，見知らぬ人に礼儀正しくすることの難しさを，自分の今までの経験と照らし合わせながら考えている	展開	②教材「オーストラリアで学んだこと」を読み，礼儀について考える	向こう側から歩いてきた女の人に突然，挨拶された時，「わたし」はどんな気持ちだったでしょう？ ・知らない人に突然挨拶されてびっくりした ・挨拶が返せなくて，とても残念だ ・挨拶をしてもらって，うれしいな 次の日の夕方，再び女の人を前にした「わたし」は，どんなことを考えたでしょうか？ ・緊張するけれど，自分から挨拶したい ・昨日，挨拶してくれてありがとうという思いを伝えたい ・挨拶をきっかけに，女の人と少しでも親しくなりたい	・見知らぬ人に礼儀正しくすることの難しさを，自分の今までの経験と照らし合わせながら考えさせる ・相手のことを考えて礼儀正しくしようとする時の思いを，自分との関わりで考えさせる
ペアトーク・発言 「わたし」に自我関与して，友達の考えや，今までの自身の考え方や感じ方と照らし合わせながら，相手のことを考えた礼儀の大切さについて考えている		・自分の意見がまとまったら，隣の人とペアトーク	見知らぬ人とも自然に挨拶を交わすオーストラリアの人々と接する中で，「わたし」は挨拶について，どんなことを考えたのでしょうか？ ・挨拶には気持ちよく，住みよい社会をつくる力がある ・挨拶すると自分も相手も笑顔になる ・挨拶で知らない人とも心を通い合わせられる ・挨拶は世界中の人々と仲良くできる第一歩 ・挨拶すれば，みんなが気持ちよく過ごせる	・相手のことを考えた礼儀正しい行為の大切さについて，今までの考え方や感じ方と照らし合わせながら，さらに考えを深めさせる ・自分の考えがまとまったら，前後，左右の人とペアトークを行い，発表させる
道徳ノート・発表 相手のことを考えた礼儀の大切さについて，今までの経験を基に，自己の生き方への考えを深めているか	終末	③礼儀を視点に，自己の生き方を考える	今までの生活を振り返り，相手のことを考え，礼儀正しくできたことはありますか？ 今日考えたことや気付いたことを「道徳ノート」にまとめてみましょう。また，これからの自分の生活に，どう生かすのかについても書きましょう。	・導入で話し合った礼儀についても想起させながら，礼儀を意識した自身の行動を振り返らせる

53

時と場をわきまえて，礼儀正しく真心をもって接すること。

評価のためのキーワード
①礼儀の意味を理解する
②時と場に応じた言動に努める
③相手の立場や気持ちを考えた礼儀の大切さ
④勇気と真心をもって接する

礼儀には相手の人格を尊重し，相手に対する敬愛の念が込められていることに気付き，相手の立場や気持ちを考えた礼儀の大切さを自分事として考えさせましょう。

道徳ノートの評価文例

👍 どんな人に対しても，相手を大切にする思いを示すために礼ぎがあるのですね。あいさつには，たくさんの人と仲良くなれる力があるのかもしれません。

📢 礼ぎ正しくするためには，相手のことを考えて行動することが大切なのですね。相手を考えた礼ぎについて，これからも考えていきましょう。

通知表 NG 文例

● 「礼儀」の学習では，相手のことを考えた礼儀作法の大切さに気付き，実践する姿が見られました。

なぜ❓NG：道徳的実践について評価するわけではないから。

● 「礼儀」の学習では，知らない人にも礼儀正しくしようとする実践意欲が育ちました。

なぜ❓NG：1時間の授業によって実践意欲が育つとは考えにくいから。

通知表の評価文例

毎時間，友達の発言を真剣に受け止め，自分の考え方や感じ方の違いに気付くことで，さらに自分の考えを広げ，深めています。教材「オーストラリアで学んだこと」の学習では，相手のことを考えた礼儀の大切さだけでなく，その難しさについても考えていました。

授業を通して自分の思いが広がったり，深まったりしたことを基に，今後の生活に生かしたいことを真剣に考えました。教材「オーストラリアで学んだこと」の学習では，相手を考えた礼儀の大切さを，自分が礼儀正しくしてきた経験を基に考えていました。

指導要録の評価文例

相手を思う礼儀の大切さを自身の経験を基に考えるなど，道徳的価値を自分との関わりで考えていた。

相手のことを考えて礼儀正しくしたいとの思いをもつなど，自己の生き方への考えを深められるようになった。

対象学年	内容項目：B－10 友情，信頼
小学6年生	主題名

10 仲直りしなくていいの？

教材 ばかじゃん！

 ## 授業のねらい

　互いに信頼し合う友情関係の基盤が，相手のことを思い，相手の立場を尊重し，相手のことを理解しようとする心情にあることは理解に難くないが，一方でそのような基盤はそう簡単に形成されるものでもないのが現実であろう。さらに言えば，友情にはもろくはかない部分もあり，些細な誤解や意思疎通の不全がその関係を壊し，「いじめ」にまでつながるケースすら珍しくない。それに対し，友達を大切に思う気持ちとその友達への信頼があれば関係の修復は可能であることを知り，日常における友人関係の維持や修復への意欲につなげさせたい。

 ## 授業づくりのポイント

　友達に戻りたい気持ちと話せば分かるはずという信頼感が，「危機」を乗り越えさせてくれるという前向きな気持ちをもたせたい。例えば，友達に戻りたい気持ちを確認する手段としては，「反実仮想」の発問として，もし，きのちゃんに，「ばかじゃん！」のことを切り出せずに終わったとしたら，その後どうなったか，そのためにどんな気持ちで過ごすことになるか，などを問うてみることも一つの手段かと思われる。また，自身の友達との経験の中から，楽しかったこと，仲直りできた経験などの「話せば分かるはず」「相手も友達に戻りたいと思っているはず」につながる要素を想起させ，具体的イメージを抱かせることも有効な場合があるだろう。

 ## 本教材の評価のポイント

①児童の学習に関わる自己評価
- 友達を失いたくないという気持ちがあれば，きっと仲直りできるものだという希望がもてたか。
- 「誤解」を解くにはコミュニケーションをとるしかないことに気付けたか。

②教師のための授業の振り返りの評価
- 「いじめ」につながりかねない「誤解」の怖さと，それを乗り越えるすべを伝えられたか。
- 元々は友達同士であることから，関係を修復したい気持ちが双方にあることが「危機」の克服につながっていることに気付かせてあげられたか。

実践例

		学習活動	発問と予想される児童の反応	指導上の留意点
導入		①問題を把握する ・友達との関係でうまくいかなくなったことはあるか。それはどんな時か	友達との関係でうまくいかなくなった時はありますか？　それはどんな時ですか？ ・けんかした時 ・悪口を言われた時 ・意見が合わなかった時	・友達との関係が常に良好とは限らないことを想起させる
展開		②教材を読んで話し合う ・嫌な言葉を言われた人の気持ちを理解し，つらさに共感する	自分だけがきのちゃんに「ばかじゃん！」と言われていると感じた恵理菜は，どんな気持ちだったでしょうか？ ・つらかった ・なんで私だけが… ・そんなにばかなことしてないのに	・このような些細な行き違いや誤解が仲たがいの原因になったり，ともすれば「いじめ」にまで至ったりする危険性があることに一言触れておく
			前に住んでいた町の祭りでかおりの話を聞いてぼうぜんとする恵理菜は，どんなことを考えているでしょうか？ ・まさか勘違いだったなんて ・もう今からでは遅い ・お互い誤解が解けただけでもよかった	
		③何が二人を仲直りさせたのかを考える ・他者の意見に対する賛同や追加意見，感想を出し合う	恵理菜がきのちゃんと仲直りできたのはなぜでしょうか？ ・友達に戻りたいという気持ちが強かったから ・話し合って誤解が解けたから ・きのちゃんも謝ってくれたから ・素直になれたから	・きのちゃんも友達に戻りたいと思っていたことに気付けるような補助発問を用意しておきたい ・「なぜ，きのちゃんは慌てて否定したのかな？」
		④授業を振り返り，この話で学んだことを日常の経験と重ね合わせて考える	この授業の始めに思い出した友達とうまくいかなかった場面で，今日の授業で学んだことを知っていたら，どうしたでしょうか？ ・とにかく聞いてみる ・友達を信じる ・勇気を出せる ・自分から謝ったら話し合いができた	・すでに分かっていたから解決できたという児童には，それでもよいことを伝える
終末		⑤問題についての自分なりの考えをもつ	友達でい続けることの難しさについて，何でも思ったことを言ってみましょう。 ・そもそも誤解されるような言い方はしない ・怖いけど，友達も仲直りしたいと思ってくれていると信じる ・仲良しだった頃のことを思い出して頑張る	・率直な感想を述べることで自己の友達観を自覚化して，今日の授業と重ね合わせるようにしたい

挙手・発言
誰にでもよくあることだということが押さえられているか

挙手・発言
いじめられているのではないかと思った時のつらさに共感できているか

クラス全体での意見交流
多面的・多角的に捉えられたか。特に，きのちゃん側の気持ちや，かおりさんとのことで思いが強まったことが関係していることを絡めて考えられているか

振り返り・ワークシートに記入
自己の成長・変化を感じ取れたか

挙手・発言
改めて友達関係の難しさについて思い及ばせ，自分にできそうなことを考えているか

57

B-10 友情，信頼

友達と互いに信頼し，学び合って友情を深め，異性についても理解しながら，人間関係を築いていくこと。

評価のためのキーワード
①友達（友情，大事，大切，失いたくない…）
②もろさ，はかなさ，壊れやすさ，怖さ…
③信頼関係（分かり合えるはず…）・相互性（お互い…）
④コミュニケーション（話し合う，分かり合う，誤解を解く…）

元々は友達だったんだから分かり合えるはず，相手も関係修復を望んでいるはず，そんな「予見」をもてれば何とかなるはずです。

道徳ノートの評価文例

👍 思い切って確かめてみることの大事さに気付いたことは，実際の友達との関係に生かすことができるはずです。

📣 仲良くできていたことを思い出せば，きっと友達でいられる（に戻れる）よ。

通知表 NG 文例

●友達の大切さに気付くことができました。

　なぜ❓NG：大切さ自体に気付くための教材ではない。大切だからどうすべきかを問うている。

●友達を信じることができるようになりましたね。

　なぜ❓NG：実際に信じることができるようになったかどうかは対象あってのもの。授業でできるのは信じようとする意欲の涵養にとどまる。

通知表の評価文例

友達を大切に思う気持ちが，友達との関係を保ったり，取り戻したりするんだということを理解していることが，ワークシートの「このまま終わりたくない」という言葉に強く現れていました。

友達との関係がちょっとした誤解やすれ違いから壊れてしまうかもしれないことと，それでも何とかなるんだということを理解している様子が，授業中の「主人公はほっとしたと思う」という言葉に現れていました。

きのちゃんが慌てて「そういう意味じゃない」と否定しているところから，相手も友達に戻りたいと思っていることに気付き，そのお互いの気持ちが関係を修復するということを指摘してくれたことは，クラスのみんなの参考になったと思います。

指導要録の評価文例

友達との関係が信頼関係から成り立ち，維持されていることをよく理解している。

信頼関係の構築・回復には，コミュニケーションが不可欠であることを学習できている。

59

対象学年	内容項目：B－11 **相互理解，寛容**
小学6年生	**主題名**

11 広い心で

教材 銀のしょく台

🔵▶授業のねらい

　「寛容」とは，自分の心を広げ，相手の心や言動を受け入れることである。寛容であるためには，相手から学ぶ姿勢を常にもつ「謙虚」な心で自己を見つめることを自覚することで，相手の失敗や間違いを温かく許すことができる人間的包容力が磨かれていく。本教材は，主人公ジャン・バルジャンが親切にしてくれた司教の銀食器を盗んでしまうが，それにもかかわらず，警察官に捕まったジャン・バルジャンを司教が許すという話である。また，ジャン・バルジャンを許した司教の行為を通して，「寛容」とは何か，司教の心の中はどのようになっているのか，広い心で許すことができる人の見方・考え方はどうなのかを深く考えることができる教材である。教材を通して，司教の寛容な心を深く追求していくことで，自己の道徳的価値観を磨いていくようにしていきたい。

🔵▶授業づくりのポイント

・児童には，導入で価値に縛られることなく，教材の中にある司教の人間的なよさを発見させるために，主体的に教材からダイナミックにテーマを見つけ出させるようにする。
・ジャン・バルジャンの人物観をしっかりと考察できるようにする。
・「司教の人間を見る見方・考え方はどういうものなのか」を深く考えさせる。

🔵▶本教材の評価のポイント

①児童の学習に関わる自己評価

・教材から問題を見つけ出して，テーマに結び付けて追求し続けることができたか。
・司教の「寛容」な心を関係的・構造的に考えることができたか。

②教師のための授業の振り返りの評価

・「寛容」を関係的・構造的に児童に捉えさせるための板書ができたか。
・ジャン・バルジャンの行動の背景についてしっかりと共感させるとともに，司教の「寛容さ」を深く考える発問を考え，集団的な対話に生かすことができたか。

60

実践例

	学習活動	発問と予想される児童の反応	指導上の留意点
導入	①資料の範読を聞き，登場人物の考えや行動で不思議なことや話し合いたいことを発表する	「銀のしょく台」を読んで，なぜだろう？ と思ったことやみんなと話し合いたいことを発表しましょう。 ・ジャンはなぜやっとの思いで出所できたのに，また盗みをしたのだろう ・どうして司教はジャンを受け入れたのだろう ・司教はどうしてジャンを許したのだろう	・主体的に自分で問題を発見させることで，展開では解決しようという意欲が継続できるように，見通しをもたせるように教材を読ませたい ・教材からダイナミックに学習課題を見つけ出させるようにする
展開	②教材について話し合う	ジャンは，なぜ盗みを続けてしまったのでしょうか？ ・家族を養うため ・子供たちにつらい思いをさせたくないため 家族を養うために，盗みをしてよいのでしょうか？ ・食べるためにはしょうがない ・時代や環境が悪いので仕方ない ・どんな状況でも人に迷惑を掛けることをしてはいけない ・家族思いで優しい心の持ち主が，行動ではルール違反をする。人間的には許せても人に迷惑を掛けるからダメだと思う	・ジャンは，自分の欲望ではなく，家族のため等，ジャンの行動の背景や心情をしっかりと考えさせたい ・生理的欲求が満たされない環境で，自分の道徳心や行動がどのような意味をもつのかを，対話を通して考えさせたい
	③道徳的諸価値を窓口に，司教がなぜジャンの盗みを許したのかという問いから，寛容を支える心についてさらに考えを深めさせる	司教がジャンを許したのは，どんな心や考えがあるからでしょうか？ ・家族のために懸命に力を尽くせる人は，いい人であるという価値観を大切にしている ・誠実な人になってほしいという願いから，許すことで相手の未来を信用するという価値観を大切にしている ・相手の立場や状況を考えて，相手のために受け入れる思いやりの心を大切にしている	・道徳的価値に優劣を付けることが目的ではなく，それぞれの「寛容さ」について深く吟味し，そのよさを比較したり，関係付けたりすることで，道徳的価値について多面的に考えさせたい ・司教の行動を支える原動力的な心について考えさせたい ・司教の心遣いを通して，道徳的価値のよさについて，対話を通して吟味させ，自分の経験と関連させて考えさせたい
終末	④今日の学習を振り返り，考える ・学習課題について，事前の考えと授業を通して学んだことを比較させて，自己の学びを更新させる	自分の経験を振り返りながら，今日学んだことを「道徳ノート」に書きましょう。	・以下の3つの視点を大切に，自分の考えを整理させ，深めさせたい ①学習で分かったこと ②友達の意見を聞いて考えたこと ③これからのこと

挙手・発言
自分なりの学習問題を見つけ，考えようとする。学習のスタートの時点で課題を発見し，見通しを立てることで学習意欲が高まったか

思考➡判断➡表現
自己の考えを明確にするとともに，どのような根拠で思考しているのか，理由を考えさせたい

挙手・発言
「寛容」の意味を多面的・多角的に考えている

挙手・発言・板書
司教の寛容さについて黒板を使い，対話を通して自分の考えを広げようとしている

道徳ノート
学習を振り返り，課題について経験を通して自分事として捉え，多様に自己の考えを深めることができたか

61

B-11 相互理解，寛容

自分の考えや意見を相手に伝えるとともに，謙虚な心をもち，広い心で自分と異なる意見や立場を尊重すること。

評価のためのキーワード
①自分を相手に誇示したりせず慎むことで，相手から学ぶ姿勢を常にもつ
②自分の心を素直に真っすぐな心で見ようとする
③自分と異なる意見や立場を受け止める
④人の考えは多様であり，その多様さを相互に認め合い理解しながら高め合う関係を築く

寛容の心には，自分は不完全な存在であり，至らないところがたくさんあり，他者には自分にないよさがたくさんあるという自覚が大切ですね。

道徳ノートの評価文例

👍 司教の広い心や，家族を大切にする心，相手の未来を信じる心などたくさんよさを考えることができて素晴らしいですね。

📣 司教のような人を見る視点や広い心をもって，6年生として活動していこうとすることに気が付いた○○さんを応援していますよ。

通知表 NG 文例

● 低学年の子の自分勝手な行動にも広い心で優しく接することができて，高学年として成長できました。

なぜ❓NG：道徳性の内容に深入りした表現だから。

● 誰よりも広い心をもって，性格が優しくなり，友達思いになりました。

なぜ❓NG：他者との比較をしているから。

通知表の評価文例

教材「銀のしょく台」では，寛容について，司教の思いやりと許す行為について，自分の考えと比較して考察していく中で，相手との関係の中から，未来に向かってどのような関係を築いていきたいのかという視点に気付くことで，価値観をさらに磨いていました。

教材「銀のしょく台」では，司教の寛容さについて話し合う中で，○○さんの正義感と相手を許すという考えを葛藤させて考えて行く中で，相手の未来を見据えて，相手を受け入れる寛容さの価値観についての考えをさらに深めていました。

教材「銀のしょく台」では，盗人ジャン・バルジャンの背景をしっかりと捉えて，司教の寛容さについて考えたことで，ただ許すという行為ではなく，寛容さには相手の可能性や未来を信じる気持ちがその価値観に含まれていることに気付いていました。

指導要録の評価文例

特に，広い心を窓口に，自分との関わりで考えることを通して，新たな気付きがあった。

特に，主人公の広い心を通して，自分の経験を見つめ，「こうしていきたい」と，今後の生活で生かしたいことを見つけていた。

対象学年
小学5年生

内容項目：C-12 規則の尊重

主題名
12 よりよい関係をつくるための権利と義務とは

教材 これって「けんり」？ これって「ぎむ」？

授業のねらい

　集団生活の中で，人と人が仲間をつくり，よりよい人間関係を形成する上では，自分の思いのままに行動するのではなく，集団や社会のために自分が何をすればよいのか，また，自分に何ができるのか，自他の権利を十分に尊重する中で果たすべき自らの義務を考え，進んで約束やきまりを守って行動する態度を養うことが必要である。

　小学5年生の時期は，心身の発達とともに自分の行動に自信をもち，仲間集団の中で活発な活動を行い，人間関係を深めていく時期である。しかし，ともすると，そうした集団の中で自分の権利ばかりを主張し，集団の一員としての義務を遂行しない場面も多く見られる。みんなで互いの権利を尊重し合い，自らの義務を進んで果たすことが大切であるという理解と積極的な行動ができるようにする必要がある。本教材は，前半で権利と義務の違いと関わりについて，具体的な場面を想定して理解させる内容となっている。そして，後半で学級の劇の練習と自分の習い事のどちらを優先すべきかを悩む主人公の姿から，実際の生活の中で，権利の主張だけでなく，義務の遂行のバランスをどのようにとればよいかを考えさせる内容となっている。

授業づくりのポイント

　授業前半で権利と義務についての理解を深めた後，主人公である村田はどうすればよいかを問題解決的な学習を通して考えさせる。その際，学級の在り方を考えさせるのではなく，主人公に自我関与させながら，権利と義務の関わりを考えさせたい。

本教材の評価のポイント

①児童の学習に関わる自己評価
・主人公の心の葛藤に共感し，自分事として問題を解決しようとしたか。
・小集団の話し合いの中で，他の考えを知るとともに，自分の考えを深めることができたか。

②教師のための授業の振り返りの評価
・児童に権利と義務の違いとその関わりについて，しっかり考えさせることができたか。
・児童が考えた多様な解決方法について，多面的・多角的に吟味するとともに，自己を見つめさせる効果的な発問ができたか。

実践例

挙手・発言
自分の考えを発言したり，友達の発言に興味をもって聞いたりしている

ペアトーク・発表
権利と義務の問題を自分事とし，自分の考えを伝えるとともに，友達の意見もよく聞いている

挙手・発言
この話のどこに問題があるかを把握することができている

グループ学習・発言
ブレインストーミングで自分の考えを発表するとともに，他者の考えから積極的に学ぼうとしている

全体交流・発言
権利と義務の関わりから，問題をどのように解決したらよいかを多面的・多角的に考えている

道徳ノート
権利や義務について考えたことを振り返り，これまでの自分の生活について見つめ直すとともに，どのように生かしていくかを考えている

	学習活動	発問と予想される児童の反応	指導上の留意点
導入	①本時の課題を把握する ・権利と義務の意味について考える	権利って何でしょう。また，義務って何でしょうか？ ・権利は自由にできること ・義務はやらなくてはいけないこと 今日は，権利と義務の意味を知り，どのような関係があるのかを考えましょう。	・授業前に児童が権利や義務についてもっている考えを把握するとともに，権利と義務の関わりについて学習することを知らせる
展開	②教材の前半を読んで権利と義務の意味を知る ・教材を読み，権利と義務の意味を確認する ・短い問題から，生活の中での権利と義務の関わりについて考える ・③と④についてはペアトークを使って考える	①と②の空欄には「けんり」と「ぎむ」のどちらかの言葉を入れ，③と④の問題を考えましょう。 【①と②の問題】 ・アとウは「けんり」。イとエは「ぎむ」です 【③の問題】 ・③の「ぎむ」は，兄弟どちらも平等に使うこと ・仲良く使うことが「ぎむ」です ・お互いに譲り合うことが「ぎむ」だと思う 【④の問題】 ・図書館で本を読む「けんり」はあるけれど，静かに読むという「ぎむ」がある ・遊具を使う時に，自由に使う「けんり」はあるけれども，順番を待って使う「ぎむ」がある	・教材の前半のみ範読する ・教材文から権利と義務の意味を確認させた後，短い問題①～④を考えさせ，権利と義務の関わりを話し合わせ，権利と義務は複雑に関わり合っていることを意識させる ・④の問題を通して，権利と義務は自分たちの身近な問題であることに気付かせる ・場面絵を用意して，具体的な場面を想定させる
	③村田さんはどうしたらよいかを考える ・教材の後半部分を読み，何が問題になっているかを確認した後，どうしたらよいかを考える ・4人グループで，ブレインストーミングを行う ・出された意見は同じ内容のもの同士を分類し，その結果を学級全体で意見交換する	このお話の中で，村田さんはどんなことに困っていますか？ ・メインキャストに推薦されて，やってみたい気持ちはあるけれども，金曜日にピアノの練習があって参加できないこと メインキャストに推薦された村田さんはどうしたらよいでしょうか？　理由も考えましょう。 ・ピアノの練習は，村田さんの権利だから，断ればよい ・村田さんの権利を考えて，他の人がやればよい ・村田さんは学級の一員なので，キャストを務める義務がある ・できる範囲でキャストを務めればよい ・権利ばかり主張していると，キャストが決まらないので，義務を優先すべき	・問題の所在を学級全体で確認してから，どのように解決したらよいかを考えさせる ・付箋紙を使ったブレインストーミングによって，多様な考えを引き出す ・権利と義務について，主人公の置かれた立場から，多面的・多角的に考えさせるようにする ・学級活動的な話し合いとならないよう，自我関与させながら考えさせる
	④さらに深く考える ・集団生活の中で権利と義務のバランスをどのようにとって行動すればよいかをペアで考える	学習発表会を成功させるために大切にしなくてはならないことは，どんなことでしょうか？ ・学級の中の一人だということを大切にすることが必要 ・自分のことだけ考えていてはいけない ・友達にも権利があるので，押し付けるようなことをしないようにする必要がある	・主発問で出された多様な解決の考えから，何が大切なのかを考えさせ，納得解へ導く
終末	⑤この授業で気付いたこと，これからの生活に生かしていきたいことなど，学んだことをまとめる	今日，権利や義務について考えたことやこれからの生活に生かしていきたいことなど，学んだことを「道徳ノート」にまとめましょう。	・他の人の意見を聞いたことで，新たに得られた考えなどがあれば，それに気付かせる ・これからの自分の生活につなげるようにする ・数名に発表させる

65

C-12 規則の尊重

法やきまりの意義を理解した上で進んでそれらを守り，自他の権利を大切にし，義務を果たすこと。

評価のためのキーワード
①約束や法，きまりなどのよさを理解し，進んでそれらを守る
②他人の権利を理解，尊重し，自分の権利を正しく主張する
③自分勝手な反発等に対して，それらを許さないという意志をもつ
④自分の果たすべき義務を果たし，よりよい人間関係をつくる

集団の中で，自分の権利ばかりを主張していては，よりよい人間関係を築くことはできません。他人の権利も理解，尊重し，自分の義務を果たしていこうとする態度をもつことが大切です。

道徳ノートの評価文例

👍 自分の権利ばかりを主張すると，友達とよい関係をつくれなくなることに気が付きましたね。集団の中の一員であることの大切さを深く考え素晴らしいです。

📣 グループでの話し合いで，たくさんの考えを発表していましたね。友達の考えと自分の考えのちがいを考えてみると，さらに考えが深まりますよ。

通知表 NG 文例

● この学習を通して，権利と義務の関係をよく考え，運動会の応援団に進んで立候補しました。

なぜ❓NG：行動の記録になってしまっているから。

● 他人の権利を大切にするとともに，集団の中で義務を果たそうとする強い意志をもっています。

なぜ❓NG：その児童の道徳性を評価しているので不適切。

通知表の評価文例

学期当初から，教材中の登場人物の心情を自分事として考えていましたが，小集団の話し合いにより，友達の考えも尊重しながら深く追及するようになりました。特に，教材「これって『けんり』？　これって『ぎむ』？」の授業では，権利を主張するだけでなく，義務を果たすことが，人間関係をつくりあげる上で大切なことであることに気が付いていました。

ペアトークやブレインストーミングなどの対話活動に積極的に取り組み，自分と異なる考えから，道徳的価値について深く考えるようになりました。特に，教材「これって『けんり』？　これって『ぎむ』？」の授業では，自分の権利だけでなく，他人の権利も尊重することが，集団生活には不可欠であると考えるまでになりました。

この学期は，授業の振り返りにおいて，現在だけでなく今後についても自己を見つめることができるようになりました。「これって『けんり』？　これって『ぎむ』？」の教材では，「今後は，学級の一員として，自分にはどんな義務が果たせるかを考えていきたい」とノートに記述するまでになりました。

指導要録の評価文例

小集団での多面的・多角的な議論により，義務の遂行こそがよりよい人間関係の基盤をつくり出すことを実感するまでになった。

役割演技を通して，登場人物に自我関与させながら発言し，自他の権利の尊重の大切さについて考えるまでになった。

対象学年 小学5年生

内容項目：C-13 公正，公平，社会正義

主題名

13 公平な心

教材 転校生がやってきた

授業のねらい

　社会正義の実現のためには，日ごろから思いやりの心をもって，誰に対しても公正・公平な態度で接することができるようになるとともに，身近な差別や偏見と向き合い，その解消に向けて力を合わせ，断固とした態度で取り組んでいくことが大切である。しかし，高学年の頃になると，差別や偏見をなくしていくことが大切であると分かっていても，同調圧力に流され，問題から目を背けようとしたり，傍観者的な立場に立ってしまったりすることも少なくない。そうした自分の弱さに向き合い，周囲の雰囲気に流されることなく，皆で力を合わせて差別や偏見をなくしていくために，努力していこうとする態度を育てることが大切である。

　本授業では，身近な差別や偏見に気付き，集団や社会の一員として互いに力を合わせ，差別や偏見をなくしていこうとする態度を育てたい。

授業づくりのポイント

　本教材は，いじめ問題の改善が効果的に進んだ内容で構成されている。そこで，いじめ問題の改善に向けてのポイントや，登場人物の行為の背景について多面的・多角的に考えさせた上で，いじめの問題を自分自身の問題として受け止めてみることで，これまでの生活を振り返るとともに，これからの生き方について考えさせたい。

本教材の評価のポイント

①児童の学習に関わる自己評価
　・被害者のつらい気持ちに，しっかりと寄り添いながら考えることができたか。
　・いじめ問題への対応の在り方について，多面的・多角的に考えることができたか。

②教師のための授業の振り返りの評価
　・児童は，被害者のつらい気持ちに，しっかりと寄り添って考えようとしたか。
　・他の児童の意見を聞いたり，自己の経験を振り返ったりしながら，多面的・多角的に考え，自己の考えを深めることができたか。
　・差別や偏見のない学校・学級づくりに向け，主体的に関わろうとする姿が見られたか。

実践例

挙手・発言
自分の体験を発言したり，友達の発言に興味をもって聞いている

挙手・発言
主人公のつらい気持ちに寄り添い，自分のこととして考えている

ペアトーク・発表
友達の意見をよく聞き，多面的・多角的に考えている

ペアトーク・発言
周囲に流されず，自分の意志で判断しようとしている

グループトーク・発言
正義を重んじ，差別や偏見を許さない姿勢が見られる

道徳ノート
差別や偏見をなくすことの大切さと，実践の難しさについて考えている

	学習活動	発問と予想される児童の反応	指導上の留意点
導入	①ウォーミングアップ ・友達の一声に助けられた経験を振り返る	学級やクラブ活動などの集団の場で，友達の一声に助けられたことはありませんか？ ・失敗して笑われそうになった時，隣の席の人が事情を説明してくれた ・クラブ活動で先輩からきついことを言われた時，別の先輩が助けてくれた	・友達の一声に助けられた経験を思い出させ，ねらいに方向づける
展開	②教材を読む ③主人公の気持ちに寄り添う	勇馬が来るまで，「ぼく」はどんな気持ちで生活していたでしょうか？ ・なぜ仲間外れにされるのだろう ・毎日がつらい。学校へ行きたくない ・どうしたらいじめがなくなるのか ・誰か助けてくれないかな	・全文を通読する ・仲間はずれにされていた時の主人公の気持ちに寄り添って考えさせる
	④問題が解決した要因を考える	「ぼく」に対するいじめがやんだのは，なぜでしょうか？ ・勇馬の一声があったから ・周囲の友達の賛同意見があったから ・正しいことを正しいと言える雰囲気ができたから	・いじめ問題が改善した要因を資料を基に考えさせる
	⑤勇馬の行為の背景を考える ・自分の意見がまとまったら，隣の人とペアトークを行った後，全体の場で発表し，みんなで話し合う	勇馬は，なぜ，「ぼく」に声を掛けたり，いじめをやめるようクラス全員に呼びかけたりしたのでしょうか？ ・「ぼく」が仲間外れにされて，かわいそうだから ・自分も友達に助けてもらって，うれしかったことがあったから ・学級内でいじめがあると毎日が楽しくなくなるから ・いじめは絶対に許されないことだから	・勇馬の行為の背景について，多面的・多角的に考えさせる ・勇馬の行為が，いじめを止める大きな要因となったことを押さえる
	⑥自分事として深く考える ・自分の意見がまとまったら，隣の人とペアトーク。さらに，4人でのグループトークの後，自分の考えを整理し発表する	いじめに気付いたら，自分だったらどのようにしますか？　また，そのように考えたのはなぜですか？ ・見守る ・友達や先生に相談し，みんなでやめさせる ・自分一人ででも止める	・理由も併せて述べさせる ・判断に基づいて行動した結果についても予想し，その妥当性について考えさせる
	⑦いじめのない学級・学校生活づくりについて考える ・4人でグループトークを行い，出た意見のキーワードをカードに書き，黒板に掲示し，それらを基に話し合う	いじめのない学級や学校をつくっていくために，一人一人が大切にすべきことは何でしょうか？ ・常に相手の立場に立って考える ・日ごろから何でも言い合える関係をつくる ・おかしいと感じたことをそのままにしない ・雰囲気に流されず，正しいことを行う ・嫌な思いをしている人がいることに気付いたら，勇気を出して行動する	・学級や学校の生活をよりよくするために大切なことを，児童のこれまでの経験も想起させながら考えさせる
終末	⑧この授業で気付いたことを，これからの自分の生活にどのように生かしていくかをまとめる	今日考えたことや気付いたことを「道徳ノート」にまとめてみましょう。また，これからの自分の生活にどのように生かすのかについても書いてみましょう。	・よりよい学級や学校を築いていくために，自分にできることを考えさせる

69

C-13 公正，公平，社会正義

誰に対しても差別をすることや偏見をもつことなく，公正，公平な態度で接し，正義の実現に努めること。

評価のためのキーワード
①社会正義の意義や実現の困難さについて理解する
②差別や偏見を受けた被害者の気持ちに寄り添って考える
③周囲の雰囲気に流されない
④自ら正しいと判断したことに対する実践への意欲をもつ

社会正義を実現させていくには，些細な差別や偏見に気付き，被害者の気持ちに寄り添いながら，みんなの問題であるという考え方が大切ですね。

道徳ノートの評価文例

👍 いじめの問題を，いじめられた側の立場に立って考えたり，学級全体の問題としてとらえることの大切さに気付いています。とても大切なポイントですね。

📣 いじめや差別のない学級をつくることの大切さに気付いてますね。それを実現させることのむずかしさも考えてみましょう。

通知表 NG 文例

● 弱い人の立場に立った発言が見られたほか，日常生活でも弱い立場の人に寄り添った行動ができました。

なぜ❓NG：道徳性の評価となっているから。

● 教材「転校生がやってきた」では，いじめは人として絶対に許されないことであるとの発言が見られ，正義感が高まってきている様子が伺えます。

なぜ❓NG：道徳性の評価，１単位時間の評価となっている。

通知表の評価文例

学期の初めと比べ，自分とは異なる意見も聞きながら，考えを深めていこうとする姿が見られるようになりました。教材「転校生がやってきた」の授業では，他の人の意見と自分の考えを比較しながら，よりよい学級づくりの在り方について，意見を述べる姿が見られました。

道徳の授業では，自分だったらどうするかという観点から，主体的に考えようとする姿が見られました。教材「転校生がやってきた」の授業では，「自分は登場人物のようにいじめ問題を解決できないかもしれないけれど，いじめに気付いたら，被害者に寄り添い，友達に相談しながら対応していきたい」と発言する姿が見られました。

道徳の学習を重ねていくにつれ，ペアトークやグループ学習の中で，自分の考えをしっかりと述べようとする姿が多く見られるようになりました。教材「転校生がやってきた」の授業では，グループ学習の中で述べた自分の考えに対する他の人の質問に，理由を示しながら答える姿が見られました。

指導要録の評価文例

道徳的な問題に関する自己の考えを，理由を示して述べることができるようになってきた。中でも，公正・公平に関する授業では，自分なりのいじめ対応策について，筋の通った理由を示し，多くの人が賛同した。

道徳的価値の実現の難しさを自分事として捉えた上で，道徳的な問題について多面的・多角的に考えようとする姿が見られるようになってきた。

対象学年
小学6年生

内容項目：C-14　勤労，公共の精神

14 主題名
社会の一員として社会や公共のために役に立つ

教材　うちら「ネコの手」ボランティア

授業のねらい

　働くことには，自分の生活の維持向上を目的とすることだけでなく，社会の一員として自分に課せられた社会的責任を果たすという意義がある。今日，社会環境や産業構造等の変化に伴い働き方が一様でなくなり，働くことに対する将来の展望がもちにくくなっている。児童一人一人が働くことの意義や目的を探求し，みんなのために働くことの意義を理解し，進んで社会のために役立とうとする態度を育成することが求められている。

　高学年の指導に当たっては，社会への奉仕活動などから得た充実感を基に，勤労と公共の精神の意義を理解し，公共のために役に立とうとする態度を育てることが望まれる。

　本教材は，災害時のボランティア活動を通して，主人公が働くことや社会に奉仕することの充実感を味わう話である。身近な人から集団へと関わりを広げながら，働くことや社会に奉仕することの意義を見つめる主人公に自我関与させることを通して，働くことや社会に奉仕することのよさや大切さについて考えさせる。そして，進んで公共のために役に立とうとする態度を育てたい。

授業づくりのポイント

　内容項目16「よりよい学校生活，集団生活の充実」との違いは，身近な学級，学校という集団から社会の一員としての広い視野をもって働くことや奉仕することについて考えさせることである。そこで，導入で，これまでのボランティア活動を想起させ，自分との関わりでねらいとする道徳的価値について考えられるようにする。

本教材の評価のポイント

①児童の学習に関わる自己評価
- 人のために進んで仕事をするとはどういうことかを考えている。
- これまでの自分のボランティア活動を振り返り，進んで社会の役に立とうとする思いについて考えている。

②教師のための授業の振り返りの評価
- 進んで社会の役に立とうとする思いについて考えさせる学習指導過程であったか。

実践例

挙手・発言・目線・表情
自分の体験を発言したり，友達の発言に興味をもって聞いている

ペアトーク
自分の考えと比べながら友達の考えを聞いている。友達の考えについて感想を述べている

挙手・発言
進んで社会のために役に立とうとする思いについて考えている

道徳ノート
これまでの自分のボランティア活動を振り返り，進んで社会のために役に立とうとする思いについて考えている

	学習活動	発問と予想される児童の反応	指導上の留意点
導入	①ねらいとする道徳的価値についての体験を想起する ・これまでのボランティア活動を振り返る	ボランティア活動に参加した時のことを教えてください。 ・地域清掃でゴミ拾いを頑張った ・福祉施設でお年寄りと遊んで楽しかった ボランティア活動はどうして行われるのでしょうか？ みんなの成長のため？ みんなの楽しみのため？	・学級や学校，家庭のお手伝いではなく，社会への奉仕活動での体験を想起させる ・社会への奉仕活動の経験がない児童へは，さまざまなボランティア活動の存在を紹介したり，なぜそのような活動があるのかを考えさせる
展開	②教材を読んで話し合う ・考えをもって話し合いに参加する ・第2発問では，ペアトークを行ってから，全体の話し合いを行うことで，多面的・多角的な考えに触れる	どんな気持ちから木村先生に手伝うと言ったのでしょうか？ ・先生大変そう。力になりたい ・余計なことかな。でも助けたい おばさんに怒られた時，麻美はどんなことを考えたでしょうか？ ・忘れてしまっていた。ごめんなさい ・私だって頑張っているのに，ひどい ・私には無理だ ・やるからにはしっかりやらないといけない ・みんなの役に立つよう頑張ろう	・主人公・麻美の気持ちになって聞かせる ・考えをもつ時間をとってから，指名する ・身近な人を助けたいという思いについて考えさせる ・集団の中の一員として，働くことや社会に奉仕することの意義について考えさせる ・児童の発言を拾って，みんなの役に立とうとする思いについて考えさせる（例：「しっかり」ってこんなに頑張っているのにどういうことですか？ 一人一人の役に立つように頑張ろうって思ったんだね）
		夏休みが終わるころ，どんな思いから，クッキーを持って仮設住宅へ訪ねていこうと考えたのでしょうか？ ・おばあちゃんたち，元気かな ・クッキーで喜んでもらおう ・何か困っていることないかな	・進んで社会の役に立とうとする思いについて考えさせる ・第1発問と対比させ，身近な人からより多くの人の役に立とうとする思いに至っていることに気付かせる ・児童の発言をまとめて板書した後，自分の考えに近いものに手を挙げさせることで，自分の考えを視覚化させる
	③授業を振り返り，自分との関わりで考える ・「道徳ノート」に自分の考えを書く ・今日の授業を通して考えたことを発表する	ボランティア活動は自分のためではなく，社会全体の人のためにあるのですね。では，これからみなさんはボランティア活動で，どんなことを大切にしたいですか？「道徳ノート」に書きましょう。 ・地域清掃の時に，町がきれいになってうれしかったです。これからも，このような活動に参加したいです ・福祉施設のボランティアでは遊んでもらうばかりでした。もっと，力になれることを考えたいです ・これまで自分からボランティア活動に参加することはあまりなかったです。次の地域清掃では，社会の役に立つという気持ちを大切にしたいです	・これまでの経験を想起させて，その時の気持ちや考えを振り返らせる。そこから，これからの生き方についても考えさせる
終末	④教師の説話を聞く	先生が〇〇のボランティア活動に参加した時の話です。	・社会の役に立ててうれしかったことなどを話して聞かせ，児童の今後の生き方への励みになるようにする

73

C-14 勤労，公共の精神

働くことや社会に奉仕することの充実感を味わうとともに，その意義を理解し，公共のために役に立つことをすること。

評価のためのキーワード
①社会の一員として
②働くことの意義
③社会に奉仕することのよさ
④公共のために役に立つ

身近な人に褒められたい，人の役に立ちたいという思いから，発達段階に応じてみんなのために，社会のために役に立ちたいという思いを育んでいきたいですね。

道徳ノートの評価文例

👍 みんなのためにと思って取り組んだ活動で，自分もよい気持ちになったのですね。すてきなことですね。

📢 清そう活動では地域のためにゴミ拾いをしましたね。地域の方にありがとうと言われた時うれしそうでしたね。

通知表 NG 文例

● 授業を通して，ボランティア活動に参加するなど，公共の精神が育ってきました。

なぜ❓NG：1回の授業で公共の精神が育つとは言えないから。

● 進んで公共のために役に立とうとする思いについて，考えることができました。

なぜ❓NG：道徳科の評価は「できる」「できない」という到達度をみるものではないから。

通知表の評価文例

授業の主題について毎時間じっくりと考え，これからの自分の生き方についても考えを巡らせています。教材「うちら『ネコの手』ボランティア」の学習では「社会のために役に立ちたい」と「道徳ノート」に記述していました。

教材文をもとに話し合う場面では，自分の考えを進んで発表しています。教材「うちら『ネコの手』ボランティア」の学習では，「働くということは，自分が頑張るだけでなく，みんなのためになっているかを考えなくてはいけない」という考えを発表しました。

いつも，自分はどうかな，と自分のこととして授業の課題について考えています。教材「うちら『ネコの手』ボランティア」の学習では，社会の一員として自分には何ができるか，真剣に考えていました。

指導要録の評価文例

登場人物の思いを自分の思いと重ね合わせながら考えていた。授業では，進んで発言する場面が見られるようになった。

「〇〇さんに似ているのですが，〜」「〇〇さんが〜と言っていたのですが・・・」のように，よく友達の話を聞いていて，考えを広げたり深めたりしていた。

75

対象学年 小学6年生
内容項目：C−15 家族愛，家庭生活の充実
主題名
15 家族の幸せのために
教材 おばあちゃんのさがしもの

授業のねらい

　家庭は，児童にとって最も心を安らげる場である。児童は家族との家庭生活の中で愛情をもって育てられている。児童が家族一人一人についての理解を深めていくことで，現在の自分の存在が父母や祖父母から受け継がれたものであることを実感し，愛情をもって育ててくれたかけがえのない存在である家族に対しての敬愛が深まるのである。この段階においては，一層積極的に家族の一員としての自覚をもって，家庭生活に貢献できることが求められる。そのためには，家族や家庭生活を大切にしようとする気持ちを深め，家族の中での自分の立場や役割を自覚し，家族のために役に立つ喜びが実感できるよう指導することが大切である。

　本教材は，とも子の大好きな祖母に認知症の症状が現れ，日に日にその症状は進み，とも子の名前すら間違うようになる。そんな祖母の姿を戸惑いながらも受け止め，家族と温かく見守り，大好きな祖母に積極的に関わりながら，祖母の探し物が見つかることを願うという内容である。とも子の祖母への関わりを通して，尊敬や感謝を込めて家族の幸せのために，進んで役に立つことをしようとする態度を育てていきたい。

授業づくりのポイント

準備するもの ・場面絵（挿絵の拡大）

　導入では，自分と祖父母との関わりを振り返り，祖父母の優しさや温かさに目を向けさせ，ねらいとする道徳的価値への方向付けをする。また，中心発問では，役割演技をし，その後，意見交流し，とも子の祖母や家族に対する思いについて多面的に考えさせる。

本教材の評価のポイント

①児童の学習に関わる自己評価
　・自分と祖父母との関わりを振り返り，祖父母の優しさや温かさに目を向け発言できたか。
　・家族を敬愛し，家族のために進んで役に立つことを考えることができたか。

②教師のための授業の振り返りの評価
　・役割演技を通して，祖母や家族に対する思いを多面的に捉えさせることができたか。
　・自分の体験を振り返り，家族のために進んで役に立つ喜びに気付かせることができたか。

76

実践例

挙手・発言
自分の体験を振り返り,その時の気持ちを考えている

挙手・発言
主人公に自我関与し,祖母の様子の変化を心配するとも子の気持ちを考えている

挙手・発言
とも子の名前を呼び間違えるほど症状が進行している戸惑いや祖母への思いを考えている

挙手・発言
とも子の誕生日を覚えてくれていた喜びと祖母への感謝の思いを考えている

役割演技・全体交流
3人の役割演技を見て,とも子の祖母や家族に対する思いを考え,意見交流を行い,自分の考えを深めようとしている

挙手・発言
自分のよさを伸ばしていくために,努力を重ねることの大切さについて考えている

道徳ノート
この時間で考えたことや気付いたことを,これからの自分の生活に生かそうとしている

	学習活動	発問と予想される児童の反応	指導上の留意点
導入	①自分と祖父母の関わりについて振り返る ・祖父母の優しさや温かさについて話し合う	おじいちゃんやおばあちゃんが優しいなあ,温かいなあと思う時は,どんな時ですか? ・一緒になって遊んでくれた時 ・会うたびに元気に挨拶をしてくれる時 ・お手伝いをして誉めてもらった時	・自分と祖父母との関わりを振り返り,祖父母の優しさや温かさに目を向けさせ,道徳的価値への方向付けをする
展開	②教材を読んで話し合う ・祖母の様子の変化を心配するとも子の気持ちを考える	迷子になった訳をいくら聞いても不思議そうな顔をしているおばあちゃんを見て,「わたし」はどんなことを思ったのでしょうか? ・迷子になったこと覚えていないのかな ・いつもの優しい目とちょっと違う。どうしたのかな。心配事でもあるのかな	・教師が範読する ・祖母の様子の変化が心配になるとも子の気持ちを考えさせる
	・祖母に間違えて名前を呼ばれたとも子の思いに共感する	「キヨちゃん」と呼ばれて,「わたし」はどんな気持ちになったでしょうか? ・迷子になった時からおばあちゃんが変わってしまった。どうしてなの? ・いつも優しくしてくれるおばあちゃんが,私の名前をおばあちゃんの妹さんの名前と呼び間違うなんて。わたしの大好きなおばあちゃんはどこへいったの?	・自分の孫の名前まで呼び間違うようになった祖母を心配するとも子の思いに共感させる
	・きれいな箱ととも子への手紙を見つけた時のとも子の祖母に対する思いを考える	おばあちゃんからの手紙を見つけた時,「わたし」はどんなことを考えたでしょうか? ・わたしの誕生日,覚えていてくれたんだ ・早くよくなってくれないかな。おばあちゃんからお手紙とこのきれいな箱をもらいたいな。元気になって,おばあちゃん	・きれいな箱ととも子への手紙を開いたときの,祖母に対するとも子の思いを考えさせる
	・祖母と一緒に子守唄を歌うとも子に自我関与し,祖母や家族について考える	おばあちゃんと一緒に子守歌を歌ったときの「わたし」は,どんなことを考えていたでしょうか?	・役割演技を通して,とも子の祖母や家族に対する思いについて多面的に考えさせる
	・3人を指名し,わたし,お母さん,元気だった頃のおばあちゃんになって3人で役割演技をし,その後,見ている側は,とも子の祖母や家族に対する思いを意見交流する	(わたし)お母さんもよくわたしに歌ってくれたね。お母さんもおばあちゃんに歌ってもらっていたの (お母さん)そうよ。おばあちゃんの子守歌ですぐ寝たそうよ。ねえ,おばあちゃん (おばあちゃん)お母さんも,とも子ちゃんもそうよ	
	③さらに深く考える ・自分の体験を振り返り,家族のために役立つ喜びを感得する	あなたは,家族のために役立つことをしたことがありますか? それはどんなことでしたか? ・学校から帰ったら,雨が降ってきたので,急いで家の中に洗濯物を取り入れた ・おばあちゃんが歩くことが不自由になってきたので,手をつないで歩いている	・自分の体験を振り返り,家族のために役に立つ喜びを感得させる
終末	④この授業で考えたことや気付いたこと,これからの自分の生活にどう生かすのかを考え,「道徳ノート」に書く	今日考えたことや気付いたことを「道徳ノート」にまとめましょう。これからの自分の生活にどう生かすのかについても書きましょう。	・自分の考えをまとめ,友達の考え方や感じ方に触れ,最初の自分の考えの変容に気付かせる

77

C-15 家族愛，家庭生活の充実

父母，祖父母を敬愛し，家族の幸せを求めて，進んで役に立つことをすること。

評価のためのキーワード
①家族や家庭生活を大切にしようとする気持ちを深める
②家族への尊敬や感謝の気持ちをもつ
③家族の一員としての自分の役割を自覚する
④家族のために，積極的に役に立とうとするように努める

多様な家族構成や家族状況にも配慮しながら，愛情をもって育ててくれた家族への尊敬や感謝を込めて，家族の幸せのために積極的に役立とうとする意欲や態度を育てたいですね。

道徳ノートの評価文例

👍 おばあちゃんを心配する「わたし」の思いを自分事として考えることができましたね。あなたもよく似た経験をしていて，より一層おばあちゃんのことが心配になったのですね。

📣 おばあちゃんの様子が変わっていくことにだれもがとまどってしまいますね。今のおばあちゃんを優しく受け入れ，家族みんなでおばあちゃんに優しく接していけるといいですね。

●「家族の幸せのために」を主題とした学習では，役割演技に一生懸命取り組み，登場人物になりきって上手に演技することができました。

なぜ❓NG：役割演技の演じ方について書かれているから。

通知表の評価文例

「家族の幸せのために」を主題とした学習では，日に日に変わっていく祖母の様子に戸惑う主人公に共感し，現実の状況を受け入れることの不安やつらさを感じ取るとともに，進んで役に立とうとする願いや思いについて深く考えることができていました。

「家族の幸せのために」を主題とした学習では，自分事として受け止め，「父母のおばあちゃんに対する愛情深い見方や考え方が，私のおばあちゃんに対する優しい接し方につながっている」と「道徳ノート」に書き，自分の祖母への関わり方について深く考えていました。

「家族の幸せのために」を主題とした学習では，「ぼくのおじいちゃんもときどきぼうっとしたりしている時に，『おじいちゃん』と優しく声を掛けるようにしている」という友達の発言を聞いて，優しく関わっていくことの大切さを感じ取りました。

指導要録の評価文例

登場人物を自分に置き換えて考え，尊敬や感謝の気持ちを込めて，家族のために進んで役に立つことをしようと考えを深めていた。

現在の自分自身を振り返り，家族が自分に何かしてくれるのは当たり前と捉えていた考えを見直し，愛情深く育ててくれたことに感謝し，自分にできることをしようと考えていた。

対象学年 小学5年生

内容項目：C−16 よりよい学校生活，集団生活の充実

主題名

16 役割と責任

教材 かれてしまったヒマワリ

 授業のねらい

　高学年になると，集団生活の中でリーダーシップを発揮する場面も多くなり，積極的に役割を引き受けようとする姿も見られるようになる。しかし，一方で，引き受けはしたものの責任ある取り組みができず，みんなに迷惑を掛けそうになることもよくあることである。よりよい学校生活を築いていくためには，自分が所属する集団を愛する心を基盤に，自己の役割を自覚し，自分たちの集団生活を自分たちの力でよりよくしていこうとする態度を育て，集団生活の意義に気付かせていくことが大切である。小学校の高学年の時期のこうした取り組みは，将来にわたって集団生活を豊かなものとしていく上で意義深いものがある。

　本授業では，集団の一員としての自覚をもち，自己の役割を果たしていくことを通して，他の人と協力しながらよりよい集団生活を築いていこうとする態度を育てたい。

 授業づくりのポイント　準備するもの ・場面絵

　目立つ仕事はやり抜いたものの，あまり目立たない仕事をさぼった主人公と，目立たない仕事でも黙々とやり抜こうとする友達とを対比することを通して，任された役割を自覚し，責任を果たすことの意味について，多面的・多角的に考えさせたい。

本教材の評価のポイント

①児童の学習に関わる自己評価
　・集団生活における自己の役割を果たすことの意味について，多面的・多角的に考えることができたか。
　・自己の役割を果たすことを通して，よりよい学校を築いていこうとする意欲が高まったか。

②教師のための授業の振り返りの評価
　・児童の多様な考えを引き出すための工夫ができたか。
　・２つの対照的な行為とその背景を比較することを通して，集団生活における自己の役割を自覚し，責任を果たすことの意義について理解が深まったか。

実践例

挙手・発言
自分の体験を発言したり，友達の発言を興味をもって聞いている

挙手・発言
主人公の気持ちに寄り添い，自分のこととして考えている

ペアトーク・発言
主人公と2人の友達の行為を比較しながら考えている

グループトーク・発言
自分の考えを発表するとともに，他の人の意見を聞き，多面的・多角的に考えようとしている

ペアトーク・発言
自分の経験を振り返りながら，主人公の人間的な弱さについて考えている

グループトーク・発言
集団生活を支えているのは，自分たち自身であることに気付いている

道徳ノート
授業で考えたことや気付いたことを，これからの生活に生かそうとしている

	学習活動	発問と予想される児童の反応	指導上の留意点
導入	①問題を把握する ・これまでの係や委員の経験を振り返る	係や委員の仕事について，これまでどのような経験がありますか？ ・最初は張りきってやるが，熱心さがだんだんとなくなることが多かった ・最後までやり抜き，みんなから認められた時はとてもうれしかった	・今までの係や委員の経験を思い出させることで，ねらいに方向づける
展開	②教材を読む ③主人公の気持ちを考える ・各自で考えた後，全体の場で発表する	「ぼく」は，石灰倉庫の中で作業をしていた2人を見た時，どんなことを考えたでしょうか？ ・委員の仕事をまじめにしているな ・誰も見ていないのに，なぜこんなに一生懸命にやっているのだろう ・こぼした自分が後始末をすべきだった	・全文を通読する ・場面絵を使って，話の内容を整理する ・委員の仕事をさぼっていた主人公は，友達の行動を見て，どのように感じていたかを考えさせる
	④第三者の視点で考える ・自分の意見がまとまったら，隣の人とペアトークをした後，全体の場で発表する	「ぼく」と，石灰倉庫の中で作業をしていた2人との違いは何でしょうか？ ・「ぼく」は，目立つところは役割を果たしていたが，目立たないところはさぼっていたのに対し，2人はたとえ目立たないところでも，誠実に役割を果たそうと頑張っていた	・「ぼく」と2人の友達の行為を比較することを通して，問題点を浮き彫りにする
	⑤黙々と委員の仕事を行う2人について考える ・4人でグループトークを行い，意見を交換させた後，全体の場で発表し，みんなで話し合う	なぜ，石灰倉庫の中の2人は，目立たないところでも黙々と仕事をしていたのでしょうか？ ・仕事をさぼると叱られるから ・このままにしておくと，これから使う人が困ると思ったから ・委員が任された役割を果たすことで，学校生活をよくすることが大切だから ・学校が好きだから	・グループトークを通して，任された役割をしっかりと果たすことの大切さについて，多面的・多角的に考えさせる
	⑥さらに深く考える ・自分の意見がまとまったら，隣の人とペアトークをした後，全体の場で発表する	なぜ，「ぼく」は目立たないところの仕事をさぼるようになったのでしょうか？ ・目立たないところは，いい加減にしても構わないと考えたから ・遊びの方に夢中になったから ・環境委員の役割を忘れてしまったから	・人間の弱さにも目を向けさせる
	⑦よりよい学級・学校生活づくりについて考える ・4人でグループトークを行い，出た意見のキーワードをカードに書き，黒板に掲示し，それらを基に話し合う	よりよい学校や学級をつくっていくために，大切にしたいことをまとめてみましょう。 ・任された仕事は，可能な限り自分のことよりも優先させて行う ・引き受けた仕事は，陰日なたなく責任をもってやり抜く ・集団の中での自己の果たすべき役割を自覚する	・学級や学校の生活をよりよくするために大切にしたいことを，児童のこれまでの経験も想起させながら考えさせる
終末	⑧この授業で学んだことを，これからの生活にどのように生かしていくかをまとめる	この授業で考えたことや気付いたことを，「道徳ノート」にまとめてみましょう。また，今日学んだことを，これからの自分の生活にどのように生かしていきたいかを考えてみましょう。	・よりよい学校・学級を築いていくために，自分にできることを考えさせる

81

C-16 よりよい学校生活，集団生活の充実

先生や学校の人々を敬愛し，みんなで協力し合ってよりよい学級や学校をつくるとともに，様々な集団の中での自分の役割を自覚して集団生活の充実に努めること。

評価のためのキーワード
①仲間との協力
②自己の役割と責任
③よりよい集団生活づくり
④所属する集団を愛する心

よりよい集団生活を築いていくためには，時には自分のことを後回しにしてでも，やらねばならないことがあることに気付いてほしいですね。

道徳ノートの評価文例

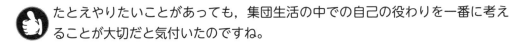
たとえやりたいことがあっても，集団生活の中での自己の役わりを一番に考えることが大切だと気付いたのですね。

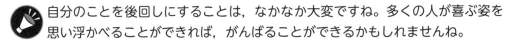
自分のことを後回しにすることは，なかなか大変ですね。多くの人が喜ぶ姿を思い浮かべることができれば，がんばることができるかもしれませんね。

 **通知表 NG文例**

● 集団の中での自己の役割を果たすことが大切であるとの発言が見られました。日ごろの生活の中でも，そうした姿が見られるといいですね。

なぜ？NG：道徳性の評価になっているから。

● Aさんは同じ班の人たちと比べると，学級での生活をよりよくしたいという意欲が強く感じられます。

なぜ？NG：他の児童と比較しているから。

通知表の評価文例

資料を通して学んだことを，自分の生活と関連づけながら考えようとする姿が見られました。教材「かれてしまったヒマワリ」の学習では，自分の経験を踏まえながら，集団生活の中での自己の役割を自覚し，責任を果たすことの大切さについて発表し，学級の話し合いを充実したものにしました。

物事を友達とは少し違った視点から捉えた発言で，学級のみんなの考えを深めるきっかけを与えてくれています。教材「かれてしまったヒマワリ」では，主人公の人間的な弱さに注目させる発言により，みんなが本音で話し合い，深まりのある学習になりました。

自分の意見を主張するだけでなく，さまざまな意見を聞きながら自己の考えを深めようとする姿が見られるようになりました。教材「かれてしまったヒマワリ」では，他の人の意見を基に主人公の人間的な弱さに寄り添って考えたことで，自分たちが集団を支えていることに気付くことができました。

指導要録の評価文例

「道徳ノート」を有効に活用し，道徳的価値の理解を深めることができた。中でも集団生活の充実に関わる学習では，自己の役割を果たす意義についてさまざまな意見を基に理解を深めることができた。

授業を重ねるにつれ，自分の意見を主張するだけでなく，異なる意見にも耳を傾けながら，道徳的な問題のよりよい解決を探ろうとする姿が見られるようになった。

83

対象学年　小学6年生

内容項目：C-17　伝統と文化の尊重，国や郷土を愛する態度

主題名
17 日本人として

教材　新しい日本に〜龍馬の心

授業のねらい

　日本には，先人の努力によって築かれた長い伝統と文化があり，私たちにはそれらを受け継ぎ発展させていく責任がある。また，子供たちは社会科の学習等を通して日本の国土や歴史，世界とのつながりについて学んでいる。

　本教材は，黒船来航によって大きく揺れる幕末，藩や幕府の利害といった狭い考えを乗り越え，海外にも目を向け，日本の国全体のことを考えて行動した坂本龍馬の生き方を題材としたものである。

　植民地化を防ぎ，血を流すことなく新しい豊かな国づくりを進めようとする龍馬の国への思いに学び，授業のねらいは「先人の努力を理解し，日本人としての自覚をもって国を愛する態度を育てる」とした。

授業づくりのポイント

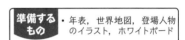

準備するもの・年表，世界地図，登場人物のイラスト，ホワイトボード

　外国の脅威がせまる緊迫した幕末の話なので，時代背景等についてよく理解させておく必要がある。社会科等との学習とも関連させ，史実を中心に補足説明を加え，日本国という広い視野で行動した龍馬の先見性に気付かせたい。

　また，グループや全体での話し合いを通して多面的・多角的な意見が出せるように努め，信念をもって行動した龍馬に学び，国を愛する態度を育てたい。

本教材の評価のポイント

①児童の学習に関わる自己評価

・日本の国全体という広い視点で行動した龍馬の国を愛する心が理解できたか。

・これからも大切にしたい日本のよさについて具体的に考えることができたか。

②教師のための授業の振り返りの評価

・龍馬の日本国全体を思う先見性を理解し，その生き方に共感させることができたか。

・先人が築いた日本のよさに気付き，大切にしていきたいという気持ちを育てたか。

実践例

挙手・発言
当時の世界や日本の状況が理解できたか

グループトーク・発表
龍馬の思いに寄り添いながら，さまざまな視点から考えて発表しているか

挙手・発言
龍馬の思いを，深く考えることができたか

挙手・発言
さまざまな日本のよさに気付いたか

	学習活動	発問と予想される児童の反応	指導上の留意点
導入	①課題を発見する ・黒船来航当時の時代背景と人々の思いを考える	黒船が来航した時，人々はどう思ったでしょうか？ ・不安。外国人は恐ろしい。何をされるか分からない ・私たちはどうなってしまうのだろう ・黒船や外国人を打ち払ってほしい	・世界地図，年表，挿絵等を用い，黒船来航当時の人々や社会の困惑状況を理解させる
展開	②教材を読む （範読または朗読CD） ③グループで話し合い，ホワイトボードにまとめ，黒板に貼り，みんなで話し合う	龍馬は，どんな考えから，薩長同盟を結ばせようとしたのでしょうか？ ・このままでは，外国のいいようにされてしまう ・薩摩と長州が協力すれば幕府を倒せる ・藩の体面にばかりこだわっていたのでは手を結べない 龍馬はなぜ，将軍が天皇に政権を返せばいいと思ったのでしょうか？ ・日本人同士で血を流し合っている場合ではない ・幕府は古い。新しい国づくりを進めなければ日本は大変なことになる	・大政奉還，船中八策，五箇条の御誓文などの幕末に関する史実の説明も加える ・外国の脅威が迫っている中での龍馬の危機感を理解させる ・龍馬に共感させつつも，さまざまな視点で意見を出し合わせる ・机間指導 ・龍馬は勝海舟をはじめ有為な人材から，さまざまなことを学び，国全体のことを考えて行動した。龍馬の国を思う気持ちとそれを実際に行動に移すことの大切さについて考えさせる
	④教材に説明を加えながら，龍馬の思いについて考えさせる	龍馬の行動を支えたのは，どんな思いだったのでしょうか？ ・外国のいいなりにされてしまう，日本の植民地化を防ぎたい ・日本の国全体を考えることが大切だ ・日本のよさを守り，世界と対等に貿易をし，豊かな国にしたい	・龍馬は貿易商人でもあり，自由で豊かな新しい日本をつくろうとした。その龍馬の視野の広さを理解させる
終末	⑤自分の国との関わりについて，「道徳ノート」に書いて発表する	これからの自分と国との関わりについて，考えてみましょう。 ・自分の身の回りにある日本の伝統や文化 ・親切，思いやり，おもてなしの心は自分も大切にしたい ・平和で豊かな日本を守る ・世界の平和に貢献する	・自分たちができることについて具体的に考えさせる ・「道徳ノート」を回収し，評価に生かす ・板書を撮影しておく

85

C-17 伝統と文化の尊重，国や郷土を愛する態度

我が国や郷土の伝統と文化を大切にし，先人の努力を知り，国や郷土を愛する心をもつこと。

評価のためのキーワード
①我が国や郷土の伝統と文化を大切にする
②伝統や文化を築いた先人の努力に気付く
③日本のよさや課題を理解する
④国や郷土を愛する心をもつ

伝統や文化は目に見えないだけに，そのよさが分かりにくいものです。先人の努力に気付かせ，自分との関わりに気付き，そのよさを受け継ぎ発展させていきたいものですね。

道徳ノートの評価文例

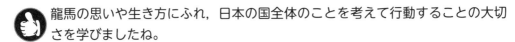
龍馬の思いや生き方にふれ，日本の国全体のことを考えて行動することの大切さを学びましたね。

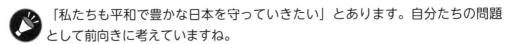
「私たちも平和で豊かな日本を守っていきたい」とあります。自分たちの問題として前向きに考えていますね。

●○○君は男の子らしく，「日本人としての誇りをもって世界の中で活躍したい」と夢を育んでいました。

なぜ？NG：固定的な性の見方は好ましくない。

●愛国心についての価値の自覚が深まり，多面的・多角的な見方ができるようになりました。

なぜ？NG：専門用語が多く，児童や保護者に理解できない。

通知表の評価文例

道徳の授業で学んだことを自分の生き方に生かそうとしています。教材「新しい日本に〜龍馬の心」では，「薩摩と長州を結ばせた龍馬の，日本全体のことを考えて行動する姿勢に感動しました。私も見習っていきたい」と「道徳ノート」に書いていました。

多数意見に流されず，主体的に考えて発言することができます。教材「新しい日本に〜龍馬の心」の授業では「龍馬も偉いが，西郷隆盛も広い心で新しい日本をつくるために頑張った素晴らしい人物だと思う」と自分の考えをしっかり述べて，議論を深めていました。

道徳科の授業を通して，よりよく生きるためには何が大切か学んでいます。教材「新しい日本に〜龍馬の心」では，「龍馬のように，日本の国全体のことを考えて行動し，外国とも貿易をして豊かな国づくりを進めることが大切だ」とワークシートに書いていました。

指導要録の評価文例

友達の意見を聞きながら自分の考えを述べるなど，対話的な学びの中で価値についての理解を深めている。

発言は慎重だが，「道徳ノート」等には友達の意見を踏まえて自分の考えをしっかりと書いていた。

対象学年
小学5年生

内容項目：C-18 国際理解，国際親善

主題名
18 世界の人々のために

教材 「折り紙大使」〜加瀬三郎

 ## 授業のねらい

　日本人としての自覚をもちながら，日本の文化や伝統の素晴らしさを伝え，国際交流の場を広げてきた人々の存在に注意を向けさせたい。小学校の高学年段階では，海外に出て国際理解や親善活動に直接的に参画することは難しい。だからこそ，多くの日本人がその種の活動を海外で積極的に行っている事例を知ることは重要である。

　本教材は，全盲の加瀬三郎さんが日本伝統の「折り紙」の楽しさを伝える旅を通して，生涯にわたり国際交流を広げる活動を行った話である。教材では，訪問先の世界各国の子供たちが折り紙に夢中になり，時には政治的な対立を超えて相互理解を深めていく姿が生き生きと描かれている。加瀬さんの活動を通して，国際理解や親善活動の大切さとその素晴らしさを知り，生涯その活動に取り組んだ彼の生き方を理解させたい。

 ## 授業づくりのポイント

準備するもの ・折り紙

　身近にある日本の文化や伝統が国際理解や親善活動に大きな役割を果たしていることを知っている児童は多くない。本授業では，折り紙がその役割を果たしている点に注意を向けさせたい。授業づくりで重要なのは，単に折り紙を伝える加瀬さんの苦難の旅を理解することだけではなく，日本の伝統的な文化の一つである折り紙が，なぜ世界の人々の心を一つにするのかを皆で考える課題発見・解決学習活動にすることである。「ハローフォックス」を実際に折り，折り紙は自然と皆が折り方を教え合う活動になることを体験させ，対立を超えた協働活動の意義を考えさせたい。

 ## 本教材の評価のポイント

①児童の学習に関わる自己評価

・日本の文化や伝統が，国際理解や親善活動に役立てられていることに気付けたか。

・対立する状況でも，協働活動によって皆の気持ちが一つになれることを理解できたか。

②教師のための授業の振り返りの評価

・授業のねらいを児童に適切に理解させ，国際貢献活動の大切さを気付かせられたか。

・グループトーク活動や折り紙作り等で，児童相互が協力する姿勢が見て取れたか。

実践例

	学習活動	発問と予想される児童の反応	指導上の留意点
導入	①課題を発見する ・外国の友達に薦めたい日本の文化や伝統について発表する	外国の友達に薦めたい日本の文化や伝統は何ですか？ 薦めたい理由も考えましょう。 ・マンガ・アニメ，和食，着物，ゲーム ・お祭り，けん玉，おはじき，折り紙 これらの中で古い歴史があり，簡単にいろいろな遊びができるものを挙げてみましょう。	・日ごろから日本の文化や伝統について考えている児童は多くはないことが予想されるので，なるべく多様な例を発表させる ・発表の際には，外国の友達に薦めたい理由も考えさせる
展開	②教材を読んで話し合う ・加瀬さんが折り紙をしている写真を見て，ペアトークをし，数人が発表する	写真の子供たちは，加瀬さんの折り紙をどのような表情で見ていますか？ ・全盲なのになぜ折り紙が作れるのだろう ・加瀬さんに折り紙を教えてもらいたい ・自分も折り紙をやってみたい	・全文を通読する ・日本語の折り紙は，「ORIGAMI」で通用するほど世界中で知られていることを説明する ・加瀬さんが訪問した49カ国の足跡を地図や地球儀で説明する
展開	③折り紙が果たす国際貢献の意味を考える ・4人でグループトークを行う ・お互い意見交換をし，発表して全体で共有する ・「ハローフォックス」を折ってみる	イスラエルで対立していた子供も大人も一緒になって折り紙を始めたのはなぜでしょう？ ・折り方が分からなくなった人に教えたくなるから ・うまく折れない人に協力したくなるから ・折り紙をしていると，自然とみんなが助け合えるようになるから	・「ハローフォックス」を実際に折ってみて，皆で協力して折ることの大切さを知る ・折り紙には，皆の気持ちを一つにする力があることに気付かせたい
展開	④さらに深く考える ・引き続き4人でグループトークを行う ・数人に発表させる	加瀬さんはなぜ「折り紙をやっていて本当によかったなあ」と言ったのでしょうか？ ・折り紙を通じて世界が一つになれることに感動したから ・子供たちの仲良くなる姿に感動したから 加瀬さんはどんな気持ちから「また，みんなに会いたいですねぇ…」と言ったのでしょうか？ ・入院のため，折り紙を教えてほしい多くの子供たちに会えない残念な気持ちから ・子供たちの励ましのメッセージに感動したから 加瀬さん亡き後，折り紙を教わった子供たちは，どんな活動をしていますか？ ・加瀬さんと出会った子供たちが，大人になって世界中で折り紙を教えている	・折り紙という日本の文化の可能性の大きさに気付かせたい ・加瀬さんが，折り紙を通じて子供たちがより仲良くなるよう強く願っていることを理解させたい ・「折り紙大使」と呼ばれるまでの旅がいかに大変だったかを考えさせたい ・世界中の人々が，入院した加瀬さんをいかに気遣っているかを理解させたい ・加瀬さんは亡くなっても，彼の「折り紙」への思いは多くの人々に受け継がれていることの素晴らしさに気付かせたい
終末	⑤この授業で気付いたことをこれからの生活でどのように生かすかを考える	今日の授業で気付いたことや，これからの生活で生かしたいことを「道徳ノート」にまとめましょう。	・グループトークでの他者の意見や，全体で発表した人の意見から，これまでの自分を振り返り，自己の考えの変化を「道徳ノート」に書かせる ・「道徳ノート」の記述を評価に生かす

挙手・発言
古典的な日本文化や伝統にこだわらずに自由に発言したり，友達の意見にも注意を向けていたか

グループトーク・発表
折り紙が世界を一つにする役割をもっていることに気付いているか

挙手・発言
対立を超えて世界の人々を一つにしたい加瀬さんの思いが十分に理解されているか

道徳ノート
折り紙という日本の文化が国際貢献に大きな役割を果たしていることが記述されているか

振り返り
授業で考えたことや気付いたことを，自己の生活に生かそうとしているか

89

C-18 国際理解，国際親善

他国の人々や文化について理解し，日本人としての自覚をもって国際親善に努めること。

評価のためのキーワード
①日本の文化や伝統について考える
②国際理解・親善・貢献活動について理解する
③日本人としての自覚をもち，国際交流について考える
④他の人と協力して一つの活動を行う

日本の文化や伝統の素晴らしさを十分に理解しながら，日本人の自覚をもって海外で日本の伝統文化を紹介しながら，対立する考え方を超える活動ができるようにしたいですね。

道徳ノートの評価文例

👍 お互いに対立していた2つの民族が，折り紙を通じて心が一つになったことの大切さに気付いていますね。

📣 折り紙を通じて世界中の子供たちが笑顔になることが，加瀬さんの生きがいだったことを理解していますね。

通知表 NG 文例

● いちばん人気の折り紙「ハローフォックス」を上手に折ることができていましたね。

　なぜ❓NG：国際理解等の学びの様子が述べられていないから。

● 苦労して折り紙を教える旅をしていた加瀬さんがなくなって残念でしたね。

　なぜ❓NG：子供の学びの在り方の評価になっていないから。

通知表の評価文例

教材「折り紙大使」の学習では，日本の伝統文化の一つである折り紙に改めて興味をもち，対立する人たちが折り紙を通して心が一つになることの素晴らしさにも気付いていました。日本の文化を通して国際交流の場が広がることの重要性を考えていました。

国際理解や国際貢献活動の大切さを考える教材「折り紙大使」では，「道徳ノート」で「折り紙がこんなに世界中の子供たちの心を一つにする遊びだとは思いませんでした」と書いて，日本の文化が国際的な相互理解の架橋になっていることに気付いていました。

話し合い活動には積極的に参加していますし，友達の発言にも注意深く耳を傾けています。その主体的な姿勢は評価できます。教材「折り紙大使」では，国際的に高い評価を受けた加瀬三郎氏の活動に興味をもち，国際理解や親善活動の重要性を理解していました。

指導要録の評価文例

「国際理解，国際親善」の授業では，日本の伝統文化が国際交流に役立てられることを深く理解していた。

国際貢献活動の教材では，民族対立している人々の心が一つになる日本の文化活動の大切さに気付いていた。

対象学年 小学6年生　内容項目：D－19　生命の尊さ

主題名

19 人の命を守る

教材　東京大空襲の中で

授業のねらい

　人の命は何よりも尊い。命は限りあるものだが，長い生命の歴史を受け継ぎ，奇跡が重なって生まれた，かけがえのないものだからである。しかし，世界には人命を軽視するテロや戦争が絶えず，ニュース等を通して児童の関心も高い。

　本教材は昭和20年3月10日，8万人以上が死亡した「東京大空襲」の中で，生まれたばかりの小さな命を守ろうと尽力した医師や看護婦および母親の証言を，作家の早乙女勝元氏（東京大空襲・戦災資料センター館長）がまとめた実話である。人は，その時どう動くか。自らの命が危険にさらされている中で，小さな命を守ることには相当な覚悟が必要だ。

　空襲という極限状況の中でも，なお，お互いの命を守ろうとした人々の思いを受け，授業のねらいは「いかなる時でも，かけがえのない人の命を守ろうとする態度を育てる」とした。

授業づくりのポイント

準備するもの　・戦争の年譜，東京大空襲の写真，登場人物のイラスト，ホワイトボード

　緊迫した状況下での実話である。導入で，太平洋戦争の年譜や空襲時の写真等を準備し，時代背景をよく理解させておく。人の命が尊いことは理解できても，実際に守るのは難しい。どんな時でも人の命を守ろうとする人々の姿勢に共感させたい。

　また，グループや全体での話し合いを通して多面的・多角的な意見が出せるように努め，小さな命を守るために奮闘した人々に学び，人の命を尊重しようとする態度を育てたい。

本教材の評価のポイント

①児童の学習に関わる自己評価

　・いかなる状況にあっても人の命はかけがえのないものであることが深く理解できたか。

　・武者さんも，医者や看護婦さんたちの命を尊重しようとしていたことに気付けたか。

　・教材等に学ぶとともに他の人の意見をよく聞き，生命尊重についての考えを深めたか。

②教師のための授業の振り返りの評価

　・かけがえのない命を救おうとした人々の姿勢に共感させることができたか。

　・資料を準備し，多面的・多角的な考えを引き出し，価値を深められたか。

実践例

挙手・発言
原爆や空襲の被害の実態が理解できたか

挙手・発言
いろいろな視点から考えているか

グループトーク・発表
必死で命を守ろうとする看護婦さんたちの気持に共感できたか

挙手・発言
自分にも関わりがあることとして考えているか

振り返り
平和の尊さや多くの人々によって人の命が守られていることに気付いたか

	学習活動	発問と予想される児童の反応	指導上の留意点
導入	①太平洋戦争や東京大空襲について知っていることを話し合う	太平洋戦争，特に空襲についてどんなことを知っていますか？ ・多くの人が亡くなった。食べるものがなかった。疎開した ・広島，長崎の原爆で大勢亡くなった ・東京などの都市が空襲で被害を受けた	・年譜や写真等を活用して当時の状況を説明する ・社会科等で東京大空襲や当時の状況について事前学習しておくとよい
展開	②教材を読み，あらすじを確認する（範読または朗読CD） ③緊迫した状況下での院長や武者さんの気持ちを考える	江口院長の「患者を殺して，医者が生きられますか！」という言葉をどう思いますか？ ・使命感をもって行動している ・自分たちも危険にさらされているのに，すごい院長だ 武者さんはどんな気持ちで「もうこの辺で担架を捨てて逃げてください」と言ったのでしょうか？ ・赤ん坊の命も大切だが，医者や看護婦さんたちの命も大切だ ・先生や看護婦さんたちに申し訳ない	・実話。本当にあった話であることを知らせる ・院長も人間。きれいごとだけで終わらせない ・さまざまな視点から苦悩する武者さんの複雑な思いに気付かせる
	④グループで話し合う。ホワイトボードにまとめ黒板に貼り，みんなで話し合う	看護婦さんたちは，どんな思いで「ここには患者がいるんです」と叫んだのでしょうか？ ・何が何でも，武者さんや赤ん坊の命を守りきろう ・どんな時でも，人の命を守るのが私たちの使命だ	・なぜ，厳重な囲いを作らなければならなかったのか。必死で命を守ろうとする看護婦たちの気持ちを考えさせる（役割演技で，自分のこととして考えさせるのも効果的である）
	⑤自分たちの生活を振り返って考える ・「道徳ノート」に自分の考えを書いて発表する	人の命を守るために頑張っている人たちを見たり聞いたりしたことがありますか？　その時，どんなことを考えましたか？ ・地震や戦争で傷ついた人々を助ける人たちをニュースで見た ・事故に遭いそうになった時，母が厳しく叱ってくれて，うれしかった	・机間指導 ・「道徳ノート」を回収し評価に生かす
終末	⑥武者さん一家のその後等，教師の話を聞く ・『私たちの道徳　小学校5・6年』（P.98「自他の生命を尊重して」）を朗読し余韻をもって終わる	・武者さんは，この空襲で夫と両親，子供12人，計15人の家族を失ったが必死で生き抜いた ・人の命は多くの人々に守られている	・武者さん一家の悲劇を知らせ，命の尊さを説く ・板書を撮影しておく

93

D-19 生命の尊さ

生命が多くの生命のつながりの中にあるかけがえのないものであることを理解し、生命を尊重すること。

評価のためのキーワード
①人の命はかけがえのないものであることを深く理解する
②登場人物すべてが、互いの命を尊重しようとしていたことに気付く
③人の命が多くの人々に守られていることを知る
④生命を尊重する態度を育てる

人の命がかけがえのないものであることは知っていても、それを守り抜くのは大変なことです。いかなる時も人命を大切にする態度を育てたいですね。

道徳ノートの評価文例

👍 看護婦さんたちの、必死で小さな命を守ろうとする姿に感動しましたね。かけがえのない命、何よりも大切なものだと気付くことができましたね。

📣 院長や婦長さんの言葉に感動し、「そういう人になりたい」と思ったのですね。その気持ちを大切にしてください。

通知表 NG文例

●積極的に授業に参加する中で、命を大切にする道徳的心情が育ってきました。

なぜ❓NG：道徳的心情は内面的資質であり、1回の授業で育ったのか簡単に判断できないから。

●動物の世話も頑張っています。実践を通して生命を大切にする心が深まりました。

なぜ❓NG：実践を評価するものではないから。

通知表の評価文例

登場人物の気持ちにより添いながら，深く考えています。教材「東京大空襲の中で」の授業では，「看護婦さんたちも必死でしたが，タンカに乗せられた武者さんもまた看護婦さんたちを気遣い，その命を尊重しようとしていました」と発言し，議論を深めていました。

いつも積極的に学ぼうとしています。教材「東京大空襲の中で」の授業では，「人の命は地球よりも重い。私ももっと自分や他人の命を大切にしなくては」と，すべての人の命がかけがえのないものであることに気付き，今までの自分を振り返っていました。

友達の意見をよく聞き，「道徳ノート」に自分の考えをしっかりと書いています。生命尊重の授業では，「医師，看護婦，母親が互いを思いやりながら，子供の命を必死で助けようとする姿に感動しました。命は多くの人に守られているのですね」との記述がありました。

指導要録の評価文例

自分の考えを述べるとともに友達の意見をよく聞き，自分が気付かない考え方に触れることを楽しみにしていた。

話し合いを通して，主人公の行動についてさまざまな角度から考え，かけがえのない生命について深く考えていた。

対象学年 **小学6年生**
内容項目：D－20 **自然愛護**

主題名
20 自然との共生

教材 タマゾン川

授業のねらい

　本授業のねらいを，「タマゾン川が生み出される原因について探究することを通して，自然と共生していくために心掛けるべきことについての考えを深める」とした。環境問題は世界的に取り組まれている現代的な課題の一つであるが，本教材では森林伐採などの自然破壊ではなく，外来種の導入による在来種の絶滅，生物多様性の危機が取り上げられている。ここで，在来魚に対する素朴な共感は大切ではあるものの，「かわいそう」という心理は外来魚を川に捨ててしまう時にもはたらいている。そこで，短期的に見れば自己の利得になるが長期的には集団や社会全体に多大な損失を生む行為をめぐる「社会的ジレンマ」を念頭に置き，「自分だけ捨てても大丈夫」という認識が実際には多くの人に見られることや，目視できない川の中まで想像力をはたらかせることの難しさに気付かせ，自然との関わり方について考えさせたい。

授業づくりのポイント

　本教材にはタマゾン川をめぐるさまざまな情報が含まれている。展開では，最初に児童が問題であると思ったことを自由に発表させ，それらの問題の中で現状を変えられそうなところを見つけさせた上で，問題の原因を探究させることで問題解決の糸口をつかませる。対象が小学校高学年であることから，現代的な課題としての環境問題の解決に向けて取り組む意欲や態度を育む前段階として，問題意識を高め，問題解決への動機づけを与えることを重視したい。

本教材の評価のポイント

①児童の学習に関わる自己評価
　・タマゾン川が生み出される原因について，多面的・多角的に考えているか。
　・人間が自然と共生するためには，一定の意識的な努力が必要であると気付けているか。

②教師のための授業の振り返りの評価
　・外来魚を川に捨てる人たちをむやみに断罪せず，その心理への共感を促せたか。
　・「自分だけなら大丈夫」という思考がもたらす帰結について，理解を深められたか。

実践例

	学習活動	発問と予想される児童の反応	指導上の留意点
導入	①問題への関心を高める ・「タマゾン川」というネーミングからイメージを膨らませる	「タマゾン川」って知っていますか？ ・アマゾン川なら知っている ・知らないけど，外国の川？ なぜ多摩川が「タマゾン川」と呼ばれているのでしょうか。今日はこのことについて考えていきましょう。	・展開では問題発見・解決的な学習を行うため，教材に関する導入から始める
展開	②教材を読んで話し合う ・グループに分かれて考えさせる ・出た意見をグループごとに一つずつ発表させ，クラス全体から多様な意見を出せるようにする	「これは問題だ！」「これは困った！」と思うことを挙げましょう。 ・外来魚が在来魚を食べてしまうこと ・外来魚を飼えなくなった人が川に捨ててしまうこと ・在来魚が外来魚より弱いこと ・外来魚を簡単に手に入れられること ・後で飼えなくなることを考えず，軽い気持ちで生き物を飼い始めること ・私たちが川に関心をもたず，よく見ていないこと	・全文を通読する ・出された意見は，なるべく教材文の流れに合わせて板書するようにする ・他のグループでも同じ意見が出たかどうかを確認しながら進める
		今出された意見の中で，これは変えられそうにないというものはありますか？　それはなぜですか？ ・外来魚が在来魚を食べてしまうこと。外来魚に食べないでとは言えないから ・在来魚が外来魚より弱いこと。在来魚を鍛えることはできないから ・外来魚を簡単に手に入れられること。禁止されたりするとちゃんと飼育している人が困るから	・変えられないことと変えられるかもしれないことを，色分けなどして識別できるようにする ・外来魚を飼育する人すべてが無責任な行動をとっているわけではないことに留意する ・水を抜いて死なせてから捨てる方法もあることを示唆してから，捨てる人の心理を考えさせる
	③「タマゾン川」になる原因や結果について考えを深める ・外来魚を川に捨ててしまう人の気持ちを想像，発表させ，授業者はそれを共感的に受け止める	外来魚を川に捨てる人は，どうしてそうしてしまうのでしょうか？ ・後始末を面倒に感じるから ・自分が命を奪うことをしたくないから ・自然は広いので，自分が1匹2匹捨てても大した影響はないと考えるから	・命を奪いたくないと思って川に捨てた結果，見えないところで何が起きているのかなど，行動の結果についても問い掛ける ・外来種を導入すると，最終的には生態系が壊され，生物がいなくなってしまう。生物多様性を損なうことは，生態系全体の大きな危機となることを示唆する
		外来魚を川に捨てることの被害者は誰（何）でしょうか？ ・在来魚　　・外来魚　　・川 ・自然全体　　・私たち	
終末	④問題について，自分なりの答えをもつ	今日の授業を通して考えたこと，そして私たち一人一人が心掛けるべきことや行えることについて，「道徳ノート」に書いてみましょう。 ・お祭りですくった金魚などでも，最後まで面倒をみる。みられないならすくわない ・自然にふれあい，自然を知る ・「自分だけなら」と思わず，無責任なことをしたり，資源の無駄遣いをしたりしないようにする	・最後に，この授業では外来種による在来種や固有種の絶滅について考えたが，生息地の破壊も生物多様性が損なわれる大きな原因であり，多摩川も下水処理場が建設される前はとても汚れた川で在来種が絶滅したことにも触れる

グループトーク・発表
他の児童とともに，多様な意見を出し合っている

挙手・発言
自然破壊の原因と結果の関係について，多面的に考えている

道徳ノート
自然を守るために私たちに何ができるのか，自己の生き方についての考えを深めている

97

D-20 自然愛護

自然の偉大さを知り，自然環境を大切にすること。

評価のためのキーワード
①自然との共生，共存
②環境を保全する
③自然環境への関心
④持続可能な社会の実現

絶滅危惧種のメダカは，生息地ごとに遺伝子や習性が異なり，どこでも適応できるとは限りません。自然を壊すことの重大さを実感させ共生への道を探らせましょう。

道徳ノートの評価文例

👍 外来魚を捨てる人の立場にも立ってよく考えています。「自分はしないぞ」という気持ちを忘れないでください。

📢 ○○さんちの犬は本当にかわいいのでしょうね。犬も魚も幸せでいられるためにできることを考えましょう。

通知表 NG 文例

● 「タマゾン川」の授業では，魚を捨てる人に自我関与し，自然破壊の原因について深く考えていました。

なぜ❓NG：「自我関与」という専門用語は使うべきではない。

● 自然について考えた授業では，勝手な考えの危なさを理解したので自然をもっと大切にすると思います。

なぜ❓NG：この児童が「自然をもっと大切にする」というのは教師の推測にすぎないから。

通知表の評価文例

さまざまな人の立場に立つことで，道徳的な問題に対する考えを明確にしています。特に，自然との共生について議論した授業では，外来魚を捨ててしまう人の思いも丁寧に想像することで，その思いの問題点を理解し，自己の生き方への決意を強くしていました。

広い視野に立って多面的に考えることで，道徳的な問題への理解を深めています。特に，教材「タマゾン川」の授業では，皆が「自分だけなら」と思って行動する結果，見えない場所で環境破壊が進む状況を認識して，自然が失われることに危機感を抱いていました。

自分の生活にひきつけて，よりよく生きることについて考えています。特に，自然との関わりについて考えた授業では，自分ならペットを捨てたりしないと断言しつつ，でも飼えなくなる可能性もあるから，飼い始める前によく考えるべきだと訴えていました。

指導要録の評価文例

さまざまな人の立場に立ち，自らの意見を明確にする中で，特に自然との関わりで自己の生き方についての考えを深めている。

道徳的な問題について多面的に考え，それへの理解を深めることで，特に自然環境に関わる道徳への課題意識を高めている。

99

対象学年 小学6年生
内容項目：D－21 感動，畏敬の念
主題名

21 悲しみを乗り越えて

教材 青の洞門

 授業のねらい

　人はさまざまな場面で感動する。自然の美しさや優れた芸術作品を見た時，ひたむきに何かに挑戦している姿を見た時，自分を信じて努力し続け，何かを成し遂げた時などである。「感動」とは，物事に深く感じて心が動くことである。感動に至るまでにはドラマがある。自分には決して同じような体験はできないかもしれないが，人の生き方に触れて感動を覚えたり，その気高さに畏敬の念を抱いたりすることがある。そのような心の動きをこの教材を通して児童に味わわせたい。本教材は，菊地寛の『恩讐のかなたに』を出典とするものであり，大分県中津市にある「青の洞門」の逸話をもとに書かれたものである。罪滅ぼしのために僧侶となった元侍の了海が，村人のために長い年月をかけて，命懸けで危険な岩壁を掘り抜き，洞門を完成させるという物語である。当初は了海に対して冷淡であった村人が了海の姿に感動し協力していく様子や，了海に父を殺され，敵討ちをしようとする実之助が敵討ちの機会をうかがいながらも，洞門の完成の瞬間に復讐心が感動へと昇華していく様子などが語られている。

 授業づくりのポイント

準備するもの
・実際の青の洞門の写真等
・登場人物のイラスト

　作品の時代背景を理解させるために，図や写真等を用いて，洞門が実在するものであること，21年という長い年月をかけて完成されたことなどを示しておきたい。教材に対する関心が高まるように，実際の青の洞門の写真等を提示し，子供が教材の世界に浸ることができるように，登場人物の心情をじっくり考えさせたい。また，人物がこれまでにどのような生い立ちをたどってきたかを板書で整理し，発問を精選して考える内容を焦点化する。

 本教材の評価のポイント

①児童の学習に関わる自己評価
　・教材に入り込み，了海や実之助の思いを考えることができたか。
　・他の人の考えを聞き，実之助が了海を許した理由について考えを深めることができたか。

②教師のための授業の振り返りの評価
　・実之助が了海を切らなかった理由について，児童から多様な考えを引き出すことができたか。

実践例

発言
「青の洞門」に興味をもち，学習に取り組もうとしている

挙手・発言
了海や実之助が，どのような経緯で行動しているかを考えることができている

ペアトーク・発言
実之助の思いの変化について，多面的に考えることができている

道徳ノート・発言
自己を見つめながら，了海や実之助の生き方について，考えを深めることができている

		学習活動	発問と予想される児童の反応	指導上の留意点
導入		①青の洞門について知っていることを話し合う	青の洞門という所を知っていますか？ ・知らない。青い色をした門かな ・行ったことがある ・人の力で岩に何百メートルもの穴を開けて，通した道なんだよ	・「青の洞門」の写真を提示し，実際にある場所であることを知らせ，関心をもって学習に取り組むことができるようにする
展開		②教材をもとに，話し合う ・登場人物のイラストで内容を整理する	了海は，どういう思いで300メートルもある絶壁にトンネルを掘ろうと決心したのでしょうか？ ・今までに犯してきた罪を償いたい ・自分はこれまでたくさんの命を奪ってきたから，これ以上，人々が命を落とすことを見逃すわけにはいかない ・少しでも人々の役に立ちたい	・了海がこれまでに行ってしまったさまざまな罪を償いたいという思いをもっていることに目を向けさせ，内容の理解を促す ・事前に教材を読んでおくことで，考えたり話し合ったりする時間を確保する
		・必要に応じて，隣の人とペアトークをしながら，自分の考えを明確にしていく	実之助は，真夜中，敵を目前にしたにもかかわらず，洞門工事を手伝うようになったのは，どうしてでしょうか？ ・石工たちに敵を討つことを一度止められたし，この洞門を完成させることは，この地域に住む人たちにとって悲願なのだろう。完成を待ってから敵を討つことにしようと思ったから ・「なんという執念なんだ」と怖くなったから	・実之助の立場になって理由を考えることで，実之助の思いに共感できるようにする
			洞門が完成した後，実之助が了海の手を握りしめて，喜び合えたのはどうしてでしょうか？ ・洞門ができる前に了海が死ぬのではないかと思っていたけれど，完成させることができた。敵を討つことよりも完成した喜びの方が大きかったから ・父親の命を奪った了海という人間の生き様に感動したから ・洞門を掘り進めていくことがいかに大変かということを，実感したから 実之助の心を突き動かしたものは何だと思いますか？ ・了海という人間への尊敬 ・洞門を共につくってきた感動	・洞門が完成する前と後の思いを対比させることで，実之助の思いについて多面的に考えられるようにする ・自分が実之助だったら了海を許すことができるかを問うことで，実之助は敵を討つ機会はたくさんあったにもかかわらず，行動しなかった理由を探っていくようにする。 ・補助発問として聞くことで，実之助の心境が変化することになった理由は何かに目を向けて考えられるようにする
終末		③学習を通して思ったことを「道徳ノート」に書く	学習を通して思ったことや考えたことを書きましょう。 ・了海の何が何でも洞門を完成させるという心の強さに感動した。自分だったらすぐに投げ出している。どうしてそこまで完成させたいという思いを持ち続けることができたのか，よほどの思いだったのだと思う ・実之助は，父親の敵をようやく見つけることができたのに，洞門を完成させた後，二人は手を取り合って喜んでいた。了海という人間の生き方を尊敬できた瞬間だったのかもしれない	・「道徳ノート」に記入することで，了海や実之助の生き方について，自分がどのような思いをもっているかをしっかり振り返ることができるようにする

101

D-21 感動，畏敬の念

美しいものや気高いものに感動する心や人間の力を超えたものに対する畏敬の念をもつこと。

評価のためのキーワード
①了海の命懸けで罪滅ぼしをするという熱い思い
②了海の生き方に感銘を受けた実之助の思い
③心が動く瞬間，過程
④双方の思いを感じ取る

登場人物の生き方や考え方に触れ，その偉大さに素直に感動できる心を育てたいですね。感動を味わうことで，人生をより豊かなものにすることができます。

道徳ノートの評価文例

👍 了海のような生き方はだれにでもできるものではないですね。自分が決めたことをやり続けていくしゅう念は並大ていではありません。すごい人ですね。

📣 父親を殺した人を前にした時に，冷静ではいられないかもしれません。それなのに，了海を殺さずに手をにぎって喜ぶ実之助は，本当に心の強い人ですね。

通知表 NG 文例

● 登場人物の生き方に触れ，感動する心が育っています。

なぜ❓NG：心が育ってきているかどうかは容易に判断できないから。

● 登場人物の思いを考え，話し合うことを通して，資料の世界に浸りました。

なぜ❓NG：国語科の評価になっているから。

通知表の評価文例

自分の考えを積極的に発表することができています。教材「青の洞門」では，一度決めたことを何が何でもやり抜くという了海の生き方に触れ，罪を犯したとしても，それを償おうと必死に頑張ることが大切であるという思いをもちました。

人の考えを自分の考えと比べながら真剣に聞き，考え続けようとする姿が見られます。教材「青の洞門」では，話し合いの中で，実之助の心境の変化に驚きを感じ，了海を許すことができず，復讐しようとする気持ちを乗り越えた実之助の生き方に感銘を受けていました。

主人公に自分を重ねながら考えることができています。教材「青の洞門」では，自分が実之助だったら了海を許すことができたかを考え，許すということがいかに大変なことであるかに気付きました。

指導要録の評価文例

友達との対話を通して，同じ行動の動機にはいろいろな視点があることに気付き，考えを広げたり深めたりした。

登場人物に共感し，自分事として捉えることを通して，自己を見つめ，生き方についての考えを深めた。

対象学年 小学5年生

内容項目：D－22 よりよく生きる喜び

主題名
22 自然と人と共に生きる

教材 そういうものにわたしはなりたい～宮沢賢治

 授業のねらい

よりよく生きることができたかどうかは，のちに自身の人生を振り返った時に，後悔のない人生が送れたと思えるかどうか，何ら恥じることのない人生であったと言えるかどうかによって決まる部分が大きい。小学校高学年になり，自身の将来について考え始めるこの時期に，児童自身がどう生きていくかを考える一つの指針として，宮沢賢治のような生き方―郷土と郷土の人々のために一生を捧げ，最期の瞬間の直前まで農民の相談に乗っていたことを一つの例として提示し，他者のために生きることが自身の生きがいになり，また人々の幸福にもつながり得ることを理解し，そこから感じ取ったものを少しでも自己のこれからの生き方につなげてもらえるようにする。

 授業づくりのポイント

偉人伝系の教材による授業の成否は，主人公と授業を受ける子供たちとの距離感で決まることが多い。賢治を神格化せず，郷土の自然への愛とその厳しさを農民たちと共に乗り越えようとしたことが，無私無欲の生き方につながっていることを踏まえて指導したい。

元々，優しい性格の人物であったことは事実として伝えられているが，必要があれば，賢治の生い立ち（賢治自身は比較的裕福な家庭に生まれ育った）から来る，周囲の貧しい農民に対する「申し訳なさ」なども，賢治に人々のために尽くす人生を送らせた一つの要因であるということを伝えてもよいのではないだろうか。

 本教材の評価のポイント

①児童の学習に関わる自己評価
・賢治の生き方に無理なく共感できたかどうか。
・好きなこと（もの）のためなら我慢や専心ができると感じられたかどうか。

②教師のための授業の振り返りの評価
・児童に賢治との「距離感」を感じさせずに授業を進められたか。
・郷土の自然や人々への愛があっての無私無欲であることを理解させられたか。

実践例

	学習活動	発問と予想される児童の反応	指導上の留意点
導入	①教材の背景を理解し，イメージを補完する	教科書72ページの下の写真を見て何を感じますか？ ・きれい ・富士山みたい 田んぼがある写真は今日学習するお話の舞台になった岩手県の景色で，山は岩手山と言って地元では「岩手富士」と呼ばれて親しまれています。	・賢治の郷土への愛情をイメージする助けとする
展開	②教材の内容を把握する ・ブレインストーミング的に感じたこと，思いついたことをすべて挙げさせ，共有する （ランダムで傾向が分かりにくければ，色チョーク等で分類してみるのもよい） ③賢治の生き方への共感を表現する ・発問に対する児童の反応に授業者が応じて，他の児童に広げるような展開で ④学びを今後の生活につなげる	このお話は宮沢賢治という人のお話でした。賢治はどんな人でしたか？ ・まじめな人 ・詩やお話を書いた ・農民のために尽くした人 ・自然や動植物が好き ・みんなから愛されてる ・故郷を愛してる ・苦労も平気 ・欲のない人 ・献身的な人 ・自分のことはどうでもいいと思ってる 賢治の詩を読んで，なぜ「そういうものにわたしはなりたい」と考えたのだと思いますか？ ・ずっとここでみんなと暮らしたかったんだと思う ・もめたり，けんかしたりしてるヒマなんかない ・自然は厳しいけど，好きだから逃げたくない ・自分のことばかり考えてたら生きていけない 皆さんの今後の人生の参考になりそうな点を挙げましょう。 ・本当に好きなことなら，褒められなくても頑張れる気がする ・喜んでもらえたり，役に立てたらうれしい。そんな仕事につきたい	・賢治が詩の内容を体現するような人生を送ったことを確認するとともに，彼の郷土の自然への愛とその厳しい自然と闘って生きる農民たちの苦難に寄り添おうとしたことを理解させる ・必要があれば「冷害」についての知識の補てんを行う（賢治が生きた時代はまだ品種改良が進んでおらず，今とは比較にならないくらい冷害の被害が大きかったことを伝える） ・なぜ賢治は詩の書き出しを「雨」「風」「雪」「暑さ」に負けない丈夫な体をもちたい，という内容にしたのでしょうか？　といった補助発問で厳しい自然の中で農民たちと闘って生きようとする決意を感じ取らせたい
終末	⑤賢治の思いを再びかみしめて終わる	賢治の詩の朗読をしましょう。	・教師が範読する（朗読のCDがあれば活用する）

挙手・発言
自然への愛をイメージできたか

挙手・発言
賢治のいろいろな側面についての指摘を共有できたか

挙手・発言
ただ「偉い人」と思うだけでなく，なぜ賢治はそのような生き方ができたのかを考えられたか

ワークシートに記入
③までに考えたことを自分の生き方に生かせるかどうかを考えているか

傾聴
長いスパンで印象に残ることを意図しているので，学期ごとの学習の振り返りの中で，児童がこの詩に言及しているかどうか

D-22 よりよく生きる喜び

よりよく生きようとする人間の強さや気高さを理解し，人間として生きる喜びを感じること。

評価のためのキーワード
①誰かのために生きる
②無欲
③故郷，自然，人々への愛
④耐える，我慢する

主人公自体は「気高く生きよう」などと意識しているわけではありません。結果的にそのような生き方がなぜできたのかを分析させたいですね。

道徳ノートの評価文例

 賢治の生き方への共感が，自分も何か人の役に立ちたいという気持ちに表れていますね。

 何か好きなものが見つかれば，「そのために生きる」ことができるのではないでしょうか。

通知表 NG文例

● 賢治のように強く気高い生き方をしようとする意欲を持つことができました。

なぜ？NG：賢治は強く生きよう，気高く生きようなどとは思っていない。他者から見てそう見えるだけである。

● 賢治のような無欲で人のためになる生き方を目指しましょう。

なぜ？NG：過度の禁欲を強いるような文言は避けたい。

通知表の評価文例

「ずっとここでみんなと暮らしたかったんだと思う」というワークシートの記述から，宮沢賢治が郷土への愛と農民たちとの絆から自分のことを一番に考えずに生きていけたということをよく理解していることが分かります。

「みんな宮沢賢治のことが好きだったと思う」という発言から，人のために生きることの喜びへの共感が感じ取れました。

「本当に好きなものがあれば，褒められなくても頑張れるかもしれないと思った」という感想に，とても実感がこもっていました。

指導要録の評価文例

誰かのために生きるという生き方について共感的に理解できている。

遠い偉人の話であっても，自分にできる（共通する）部分を探して，見習っていこうという姿勢が強くみられる。

編著者紹介

渡邉　満（わたなべ　みちる）

広島文化学園大学教授

1950年広島県生まれ。広島大学大学院教育学研究科博士課程修了。博士（教育学）。兵庫教育大学，岡山大学を経て2016年4月より現職。日本道徳教育方法学会・会長。東京書籍の道徳科教科書（小学校，中学校）の編集代表を務める。共著書は『中学校における「特別の教科　道徳」の実践』（2016年　北大路書房），『新教科「道徳」の理論と実践』（2017年　玉川大学出版部），『中学校「特別の教科　道徳」の授業プランと評価の文例』（2019年　時事通信社）等。

執筆者紹介

（五十音順　所属は執筆時）

石川庸子	埼玉県川口市立芝小学校校長（第1章）
石﨑正人	愛媛大学教育学部附属小学校教諭（第2章：内容項目21）
小川哲哉	茨城大学教育学部教授（第2章：内容項目18）
金光靖樹	大阪教育大学教育学部教授（第2章：内容項目10・22）
城戸　茂	愛媛大学大学院教育学研究科教授（第2章：内容項目13・16）
小林将太	大阪教育大学教育学部准教授（第2章：内容項目5・20）
佐伯　純	東京都中野区立鷺宮小学校主任教諭（第2章：内容項目6）
髙橋晶子	東京都中野区立塔山小学校主任教諭（第2章：内容項目14）
高柳充利	信州大学教育学部准教授（第2章：内容項目8）
比志　保	元山梨県中央市教育長（第2章：内容項目17・19）
弘井一樹	東京都杉並区立杉並第一小学校主任教諭（第2章：内容項目9）
古見豪基	埼玉県和光市立第五小学校教諭（第2章：内容項目2・11）
山田貞二	愛知県一宮市立浅井中学校校長（第2章：内容項目12）
山田典昭	長崎市立西浦上小学校教諭（第2章：内容項目3）
山田芳昭	東京教育研究所主任研究員（第2章：内容項目4・15）
吉松智昭	大阪市立加島小学校主務教諭（第2章：内容項目1・7）
渡邉　満	（第1章）

小学校「特別の教科　道徳」の授業プランと評価の文例【高学年】
道徳ノートと通知表所見はこう書く

2019年10月31日　初版発行

編者者	渡邉　満
発行者	武部　隆
発行所	株式会社時事通信出版局
発　売	株式会社時事通信社

〒104-8178　東京都中央区銀座5-15-8
電話 03(5565)2155　http://book.jiji.com

ブックデザイン／永山浩司＋花本浩一
カバー装画：高橋三千男
印刷・製本／中央精版印刷株式会社

ⓒ 2019　WATANABE, michiru
ISBN978-4-7887-1650-6 Printed in Japan
落丁・乱丁はお取り替えいたします。定価はカバーに表示してあります。
★本書のご感想をお寄せください。宛先は mbook@book.jiji.com